AF470270

MÉMOIRES

DE LA

PRINCESSE ÉLISA DE B.***

De quelle horreur ne fus-je pas saisie,
en entrant dans le palais du vizir, lorsque
je vis ces deux infortunés étendus sans vie.

Lith. de H. Brunet à Lyon.

MÉMOIRES

*De la Princesse Elisa de B.***,*

OU

HISTOIRE

D'UNE ORPHELINE FRANÇAISE,

écrite par elle-même,

Renfermant des détails curieux et intéressans sur la Cour de Sélim III, le Sérail et la Vie du Sultan Osman.

Pater meus, Mater mea dereliquerunt me : Deus autem assumpsit me !....

TOME SECOND.

LYON,

LAURENT, LIBRAIRE, RUE St-PIERRE.

1822.

MÉMOIRES

*De la Princesse Elisa de B.***,*

OU

HISTOIRE

D'UNE ORPHELINE FRANÇAISE.

CHAPITRE VII.

ALAISKA qui ne m'avait pas vue depuis deux jours, venait, de son côté, d'essuyer un violent orage. Il est temps de faire connaître à mes lecteurs le sujet qui depuis plus de trois ans faisait couler les larmes de cette charmante Princesse.

Deux frères, Osman et Bajazet étaient renfermés depuis leur naissance dans le vieux sérail, où ils attendaient patiemment le trône ou la mort. Le premier, doué d'un caractère ardent et spirituel, aimant à s'instruire, ne perdait aucun instant dans sa solitude ; tandis que Bajazet son frère, aussi stupide qu'ignorant, faisait consister ses plaisirs dans des actes de cruauté. Sélim aimait beaucoup l'aîné de ces Princes ; il était leur parent, et ce monarque aussi bon que bienfaisant, visitait souvent les deux Sultans, et les faisait venir à son palais d'été. Sa Hautesse avait un fils dont la faible constitution ne donnait aucun espoir de le voir un jour monter sur le trône. Sélim occupé du bonheur de sa fille chérie, pensa ne pouvoir lui donner un époux plus digne d'elle que le sultan

Osman ; pour cet effet il lui présente la Princesse dont la beauté touchante enflamme le Sultan dès le premier coup-d'œil. Cependant en les unissant, on leur fait jurer de demeurer fidèles à la foi conjugale, de ne rien tenter contre les intérêts de la couronne ; et replaçant entre eux l'invincible barrière, on les sépare jusqu'à l'avénement d'Osman au trône de l'empire.

Le même trait les a blessés tous deux, et leur flamme mutuelle, quoique privée d'alimens par la distance qui régne entr'eux, s'augmente dans la solitude. Osman ne se lasse point d'écrire à sa tendre sultane ; chaque matin elle reçoit de lui des stances où son amour est peint avec ardeur. Mais plus de deux ans s'étaient déjà écoulés sans que ces deux époux eussent pu se revoir, et la santé chancelante du jeune Machmoud (*), frère d'Alaïska, se rétablissant progressivement, alarmait cette Princesse sur le sort qui pouvait en résulter pour son époux. Ce dernier, instruit de tout par le Kiflis-Aga, sollicitait en vain depuis qu'il prévoyait sa destinée funeste, le bonheur de posséder quelque jour sa bien chère Sultane; mais Sélim, loin de souscrire à cette faveur momentanée, voulait rompre les liens qui les unissaient, et obliger sa fille à oublier cet époux adoré.

Ce fut dans cette conjoncture que le Sultan alarmé de la langueur où tombait la jeune Sultane, espérant

––––––––––––––––––––

(*) Aujourd'hui Souverain.

trouver dans la nouveauté de ma personne les moyens de la distraire, me
demanda mes soins pour la Princesse;
et on verra, non sans étonnement,
laquelle des deux en retira les plus
grands avantages.

Alaïska, accablée de douleurs, m'en
voie un des eunuques pour me prier de
me rendre auprès d'elle, si ma santé
n'y met aucun obstacle; me trouvant
assez bien, je volai dans ses bras.

Je la trouvai pâle, étendue sur un
sofa, ayant tous les symptômes d'un
désespoir concentré. Dès qu'elle me
voit elle me tend ses bras, se lève et
me nommant sa tendre amie, son
unique consolation, elle fait aussitôt
retirer ses femmes. «Eliza, bien chère
» Eliza, s'écrie-t-elle, plaignez votre
» infortunée amie, venez à son se-

» cours , au nom de votre Dieu qui
» est aussi le mien ; invoquez-le ,
» mon amie, demandez-lui des forces,
» du courage pour soutenir votre
» Alaïska. » Vivement émue , mes
pleurs coulaient abondamment, mais
ayant, comme elle le désirait, adressé
ma prière au Seigneur , nous de-
vînmes l'une et l'autre plus calmes,
et la tendre Alaïska me fit la narration
suivante :

« Lorsque j'ai appris , ma bien
» chère Eliza , que presqu'en nais-
» sant vous aviez perdu , dans les
» auteurs de vos jours, les seuls êtres
» qui fussent capables d'embellir votre
» existence et de vous la faire chérir,
» je vous plaignis sincèrement , et je
» vous plains encore aujourd'hui de
» n'appartenir qu'à vous-même ; mais

» ce malheur tout grand qu'il est , a
» néanmoins ses compensations dans
» la liberté qui en résulte pour vos
» actions et vos sentimens. Vous ai-
» mez Neijif-Khan , il est digne de
» l'être ; vous devez faire un jour
» sa félicité ; et si dans ce moment
» votre reconnaissance pour Achmet
» vous engage à sacrifier votre bon-
» heur, celui de votre amant, à la
» jalouse passion de celui qui vous
» tient lieu de père, et qui mériterait
» aussi d'être votre époux , si votre
» tendresse ne fût engagée au prince
» de Perse ; convenez que votre
» conduite loin d'être dictée par
» l'autorité arbitraire , mais au con-
» traire par la grandeur de votre
» ame , l'excellence de votre cœur ;
» rend la gloire d'un dévouement si

» noble au-dessus de tout éloge. Mais

» moi, fille du meilleur des pères,

» liée par mon respect à ses moindres

» volontés, unie depuis trois ans à

» l'héritier du trône, l'aimable et

» passionné Osman ; animée pour

» lui de l'amour le plus pur, comme

» le plus tendre ; puis-je voir sans

» frémir le sort affreux qui le me-

» nace ; et lorsque dans son déses-

» poir il me presse de donner à sa

» tendresse une preuve de la mienne,

» comment lui résister ? mais aussi

» comment souscrire à sa sollicitude,

» à celle de mon cœur, sans me

» rendre coupable d'ingratitude, de

» désobéissance envers le sultan mon

» père, de trahison envers la nature,

» qui, m'ordonnant d'aimer dans le

» jeune Machmoud le même sang

» qui coule dans mes veines , me
» défend de rien tenter contre les
» intérêts d'un frère.

» Hier , ma charmante amie , je
» fus témoin d'une scène dont je
» tremble encore. Sélim , dont les
» bontés pour les deux Princes re-
» clus ne se sont jamais démenties ,
» les avait invités à passer le jour
» auprès de lui ; et tandis que le
» stupide Bajazet s'amusait à querel-
» ler les oiseaux de mon père ,
» Osman, mon cher Osman voulant
» tirer avantage de la bonne humeur
» où il voyait le Sultan , sollicitait
» à genoux la faveur de me voir.
» Validé émue de la véhémente élo-
» cution de mon époux , daigne
» joindre sa prière à la sienne , et
» obtient enfin la grâce désirée. A

„ peine le Kiflis-aga m'eut-il annoncé
„ qu'il avait ordre de me conduire
„ dans le grand Haysmagou où étaient
„ les Sultans que, loin de me faire
„ attendre , les élans de mon cœur
„ me devançaient auprès d'Osman.
„ Je n'étais pas encore dans la der-
„ nière salle qui touche à celle où
„ j'étais attendue , que je vois mon
„ époux se précipiter au devant
„ de moi , écarter mon voile , se
„ saisir de mes mains , me prodiguer
„ mille noms tendres , et me jurer
„ qu'il est résolu de mourir à mes
„ pieds s'il n'obtient de mon père
„ la liberté de me posséder quelques
„ jours ; il sait , dit-il , que la cruelle
„ destinée a prononcé son arrêt de
„ mort , mais il ose espérer qu'avant
„ que la Parque cruelle ait tranché

,, le fil de son existence , il lui sera
,, permis d'user des droits que son
,, souverain maître lui accorda en lui
,, donnant ma main. ,,

" Prompt comme l'éclair, toutes ces
,, circonstances ne furent pour lui que
,, l'affaire d'un instant, et je me trouvai
,, en présence du Sultan mon père
,, sans avoir eu le temps de ré-
,, pondre à Osman. ,,

" Quelle fut ma douleur , lorsque
,, invitée par mon Sultan à unir ma
,, sollicitude à la sienne , je me place
,, à ses côtés aux pieds de mon père
,, qui , tendre jusqu'à ce jour pour
,, sa malheureuse fille , me repousse
,, avec indignation , en m'ordonnant
,, de renoncer pour jamais à mon
,, cher Osman ; je vois ce dernier
,, dans son désespoir , tirer un poi-

„ gnard de sa ceinture, et prêt à
„ l'enfoncer dans son sein ; des cris
„ perçans retentissent dans la salle,
„ les pages et les gardes environnent
„ mon époux, se saisissent de l'arme
„ fatale et le reconduisent au palais
„ de Porphire ; en vain il veut ré-
„ sister, on l'entraîne, et sa fureur
„ depuis cet instant n'a point encore
„ cessé de s'exhaler ; il refuse toute
„ espèce d'aliment, et dans son dé-
„ lire il essaie tous les moyens de
„ se donner la mort. „

« Restée sans connaissance aux
„ genoux du Sultan, mes femmes
„ me transportèrent dans mon harem
„ où je ne repris les sens que quel-
„ ques heures après. Aujourd'hui,
„ chère Eliza, si j'ai recouvré quel-
„ ques forces, si le Dieu dont j'im-
„ plore

„ plore le secours daigne ranimer
„ mon courage, ce ne pourra être
„ que pour voler dans les bras de
„ l'infortuné Osman, lui prodiguer
„ toutes les consolations dont son
„ cœur a besoin, et mourir ensuite
„ avec lui, puisque nous ne pou-
„ vons vivre l'un pour l'autre ; et
„ lorsque je consulte mes sentimens
„ je trouve la raison, organe du de-
„ voir, bien faible, hélas ! pour lutter
„ contre l'amour et la pitié ; ... ne sais-
„ je pas encore que l'ordre barbare
„ de renoncer à mon époux sera sous
„ peu accompagné de celui de choisir
„ au nombre des seigneurs de la Cour
„ un homme qui le remplace... Eh ! le
„ pourrai-je ? lorsque mon cœur et ma
„ personne appartiennent entière-
„ ment à Osman. „

Tome II.   2

Aussi long-temps que durèrent le récit et les plaintes de l'aimable Alaïska, je ne crus pas devoir l'interrompre ; mais dès qu'elle eut cessé de parler, et qu'épuisée par la violence qu'elle s'était faite, elle retomba dans mes bras ; je la priai de calmer sa douleur, et d'avoir confiance dans la bonté du Dieu qu'elle avait imploré, l'assurant que si elle le priait avec une foi vive, il ne tarderait pas de la secourir. Je lui promis de mettre Achmet dans les intérêts d'Osman, et de l'engager à tenter quelque moyen pour les satisfaire ou les sauver du malheur qui semblait vouloir les accabler. Elle fut soulagée par cette promesse , et m'embrassant avec transport , « n'ai- » je pas raison , me dit-elle , de vous » nommer mon unique consolation.»

Puis, ayant appelé ses femmes, elle me permit de la quitter, en me priant de lui écrire avant la fin du jour le résultat de nos décisions.

En arrivant dans la cour où le carrosse m'attendait, je vis Achmet et Yusuf-Pacha sous un des dômes, s'entretenant avec chaleur. Ayant fait demander au premier s'il m'accompagnait chez lui, ou si je ne devais pas l'attendre ; il se hâta de prendre congé du ministre, qui lui demanda la grâce de permettre qu'il vînt me saluer. J'étais dans le fonds de ma voiture, dont les stores étaient baissés ainsi que mon voile, lorsque le Prince me présenta son ennemi le redoutable Visir... Je ne pus me défendre d'un frémissement involontaire en songeant à son détestable amour

et à tout ce qu'il était capable de
tenter ; je gardai un silence que durant quelques instans il parut embarrassé de rompre. Achmet le tira de
ce mauvais pas. " Veuillez, Madame,
,, accueillir l'hommage respectueux
,, que le seigneur Yusuf-Pacha désire
,, vous présenter. — N'aurai-je plus,
,, trop aimable chrétienne, le bonheur de rencontrer ces regards,
,, ces grâces qui ont charmé mon
,, cœur? — Il serait inutile, Seigneur,
,, de le désirer encore, et je dois
,, vous remercier pour l'empresse-
,, ment que vous marquez à une
,, femme que mille autres doivent
,, effacer dans votre souvenir. ,, Je
lui fis une profonde inclination de
tête, et m'enfonçai de nouveau
dans le carrosse, et Achmet prit
place à mes côtés.

De retour chez moi, je trouvai Zollina et Camirhée dans une consternation qui me glaça de crainte. Qu'est-il arrivé, leur demandai-je ? car je vois que vous avez à m'apprendre quelqu'incident funeste. — Il est vrai, Madame, Neijif-Khan a été ici pendant votre absence, une lettre était dans sa main ; la douleur, la colère peintes à la fois dans ses beaux yeux, l'agitaient tour à tour. Je ne l'ai jamais vu dans cet état, lui dont la douceur enchante tout le monde ; il parle de caprice, de trahison, de mort, de...... ; on n'entend rien à ses discours, il nous presse de lui dire ce qui s'est passé entre le Prince Achmet et sa chère Eliza ; enfin il veut savoir pourquoi on diffère sa félicité.

Je fis prier mon cher père de venir auprès de moi, et lui ayant représenté la nécessité de voir le prince de Perse et de le mettre dans une confidence que j'avais à lui faire, afin de donner le change à ses idées et calmer ses craintes, je l'engageai à lui envoyer un esclave pour l'inviter à venir. Je n'étais pas sans inquiétude sur l'explication qu'il allait exiger de moi; mais je résolus d'en ménager les détails, et de l'intéresser promptement dans la cause des deux illustres infortunés dont le sort allait dépendre des efforts généreux qu'Achmet pourrait tenter pour les sauver.

Mon noble et vertueux père, toujours empressé à satisfaire mes volontés, ayant fait retirer mes femmes, me demanda avec la plus tendre sol-

licitude ce que j'avais à lui communiquer. — Une requête de la part de
la princesse Alaïska, lui répondis-je,
avec ma prière de vouloir bien lui
être favorable. Ce qu'on ose désirer
et espérer de vous, Seigneur, est
une œuvre digne de votre courage,
de la grandeur de votre humanité et
de toutes les qualités brillantes qui
vous distinguent, puisqu'il ne s'agit
pas moins que de sauver les jours du
malheureux Osman et de son intéressante épouse. Je sais de combien de
dangers cette entreprise est hérissée,
et je frémis à l'idée de ce qui pourrait en résulter de funeste ; mais si le
péril est grand, la gloire y est pro-
portionnée ; indépendamment de la
joie pure et vive qui résulte d'une
bonne action dans une ame vertueuse

qui ne craint pas de sacrifier ses plus chers intérêts, sa vie même, pour épargner celle de ses amis ! Daignez, Seigneur, daignez, ô le meilleur des pères, avoir égard aux larmes de votre Eliza, à celles de la tendre et malheureuse Alaïska, qui vous conjure par ma voix d'assurer son bonheur et celui du sultan son époux dont vous savez qu'on a juré la perte depuis que la santé du jeune Machmoud a commencé à se rétablir......
J'allais lui faire le récit des confidences de la Princesse, lorsqu'on nous annonça l'arrivée du prince Oscar.

Je priai Achmet de le prévenir par ses caresses, afin d'éviter les plaintes qu'il pouvait en attendre ; et à l'instant il courut au devant de lui, l'embrassa affectueusement, et le con-

duisant auprès de moi , viens , lui dit-il, viens, Neijif-Khan , apprendre de la Princesse la cause du retard qui paraît t'accabler , et duquel peut-être tu crois devoir accuser celui qui s'était plû à assurer ta félicité. — Qu'entends - je , Achmet, et de quel trait viens - tu frapper mon cœur? s'écria Neijif-Khan , s'étant approché de moi avec la pâleur de la mort : "pourrai-je savoir , Madame,
,, comment j'ai été assez malheureux
,, pour vous déplaire et vous engager
,, à différer mon bonheur ? votre
,, cœur aurait-il changé, la tendresse
,, et l'estime dont vous m'honoriez
,, auraient-elles fait place à la haine! ,,
— Non , Seigneur , mes sentimens ne sont point changés , et ma main vous est promise ainsi que ma foi ;

mais si l'amour m'impose des devoirs, la voix de l'amitié n'est pas moins impérieuse , et nous devons lui consacrer des instans qui , passés dans les fêtes qui devaient accompagner notre hyménée, eussent été empoisonnés par l'idée que mes plus chers amis ne pouvant les partager , auraient, plus vivement senti l'amertume de leurs peines. " Noble et sensible Eliza, „ dirent à l'instant les deux Princes, „ celui qui pourrait , en vous admirant, ne point suivre votre exemple, „ ne serait pas digne de vous posséder. — Ce n'est point moi que vous devez admirer, Seigneurs, c'est le Christ, le Dieu de mes pères qui, en m'inspirant l'amour des vertus et l'oubli de moi-même, me fait une loi de ma conduite.

Ah ! s'il en est ainsi, s'écrièrent de concert Achmet et Neijif-Khan, qu'une morale aussi pure, qu'un Dieu si saint, si bienfaisant, tiennent désormais dans nos cœurs la place du Prophète.

Puisse le Ciel vous entendre, fortifier et bénir votre résolution ! Et ne ne voulant pas perdre l'occasion de travailler à la conversion des deux illustres et vertueux musulmans, je les quittai un instant pour chercher le livre de la passion de notre Sauveur, dans lequel je leur fis lecture des plus belles circonstances propres à alimenter le germe du christianisme qui venait de naître dans leur ame. Appuyée des principes de la saine raison et d'une philosophie religieuse qui avait beaucoup contribué aux

priviléges dont j'avais joui au milieu d'eux , autant qu'à l'attachement qui nous unissait ; toujours disposés à tout entendre de moi ils écoutèrent avec une attention respectueuse la lecture que je leur fis des souffrances et de la mort du fils de Dieu ; mais lorsque j'en fus à cet endroit , tels que l'empereur Clovis , ils s'écrièrent par un mouvement spontané : " Ah,
„ les scélérats de Juifs , ils ne mé-
„ ritent pas que nous les traitions
„ comme des hommes mais comme
„ des cannibales , puisqu'ils ont fait
„ mourir un prophète si juste et si
„ bon , que nous eussions adoré s'il
„ eût vécu parmi nous. Non , Ma-
„ homet, tout grand qu'il était, ne fût
„ pas mort pour sauver les hommes;
„ il recherchait les honneurs , aimait
„ la

„ la volupté et fuyait avec soin le
„ péril et les persécutions ; cepen-
„ dant, ajoutèrent-ils, que vous seule,
„ Madame, ayez connaissance de
„ nos opinions à cet égard, comme
„ vous seule pouvez par le charme
„ de votre éloquence et de vos mé-
„ rites, nous persuader des vérités
„ de votre évangile et de sa pureté ;
„ car, quoique la Sublime Porte ren-
„ ferme dans son sein des hommes
„ assez éclairés pour distinguer les
„ erreurs de l'alcoran, les intérêts
„ du trône, la sévérité de nos Effen-
„ dis, les privilèges des Grands et
„ la superstition du peuple, tout
„ enfin exige que nous conservions
„ l'apparence de notre fidélité pour
„ les lois du Prophète. Après cela,
„ Madame, daignez nous instruire

» de ce que vous désirez de nous ;
» heureux de vous servir, il n'est rien
» que nous ne soyons jaloux d'en-
» treprendre pour votre satisfaction. »

Je les remerciai et leur présentai
ma main qu'ils baisèrent avec transport, puis leur ayant appris les infortunes d'Alaïska, son désespoir,
celui d'Osman, et leurs vœux pour
être réunis, je vis avec plaisir l'impression que produisirent dans leurs
cœurs les malheurs de cette jeune
Princesse.

Vivement touchés de ces détails,
résolus de tout tenter pour arracher
à la mort ces illustres victimes du
désespoir, une révolte ouverte leur
semblait d'abord le seul moyen de
réussir ; mais en agissant ainsi ils
exposaient les jours du Monarque

dont la bonté naturelle, leur attachement et leur gratitude pour les bienfaits et les honneurs dont Sélim III les
avait comblés, leur inspiraient tant
d'horreur pour une telle trahison,
qu'ils préférèrent, en s'arrêtant aux
vues clandestines, hasarder leur
propre vie, plutôt que de compro-
mettre celle de leur Sou verain. Je
demande à mes lecteurs si un dévouement aussi noble, chez un peuple
qu'on appelle barbare, parce que ses
vertus sont obscurcies par les nuages
d'une prévention injuste, ne ferait
pas beaucoup d'honneur aux nations
chrétiennes et civilisées, peu suscep-
tibles néanmoins d'un tel héroïsme,
comme les révolutions l'ont prouvé.

Ah ! cessez de regarder les Turcs
comme une horde d'ignorans, d'hom-

mes grossiers et cruels, croyez que comme nous ils savent apprécier le mérite, les talens, récompenser et chérir la vertu; comme nous ils sont humains, bienfaisans, fidèles à l'amitié, généreux, polis, hospitaliers, magnifiques, francs, sincères et droits, aimant la probité plus qu'aucune autre nation.

On trouve au milieu d'eux des êtres durs et méchans, ambitieux, vindicatifs et dissimulés; mais ces caractères ne se rencontrent-ils jamais chez les autres peuples? Eh, ce qui, j'ose le croire, mérite l'admiration des ames véritablement honnêtes, c'est que chez ces mêmes Turcs la calomnie et la médisance sont punies sévèrement, tandis que chez les autres nations on les voit souvent triompher de leurs victimes. A Dieu ne plaise qu'il m'arrive de vouloir élever la Turquie au niveau de ma patrie; fière de ses glorieux trophées, de ses talens incomparables, j'aime à la voir planer sur tout ce qui l'environne; cependant, sans cesser d'admirer sa grandeur , si quelques-uns de vous, mes chers lecteurs , ont éprouvé comme moi les cruels effets de la détraction inhumainement acharnée , ne s'écrieront-ils pas, à mon exemple : heureux, mille fois heureux le pays où elle est proscrite ; jamais on y voit l'honneur et la vertu, faussement compromises , pousser de douloureux gémissemens.

Mais laissons-là ces réflexions déchirantes, pour revenir aux illustres personnes dont le souvenir fera à jamais couler mes larmes.

CHAPITRE VIII.

Trois jours s'étaient écoulés depuis mon entretien avec les Princes qui, n'ayant rien négligé pour s'assurer le succès de leur entreprise, m'avaient engagé à prévenir la Princesse mon aimable amie, et à l'aider dans les dispositions nécessaires à sa fuite, lorsque le matin du quatrième jour, marqué pour l'exécution de ce périlleux projet, on m'annonça le prince Oscar qui, la douleur et l'effroi peints sur tout son être, m'apprend que tout est découvert par la ruse du Visir, et que l'infortuné Achmet avec le Bostangi-Bachi viennent d'être conduits aux Sept-tours.... La foudre

fût tombée à mes pieds que je n'eusse
pas été frappée aussi douloureusement
que je le fus à cette terrible nouvelle!
Quoi, m'écriai-je, homme généreux,
c'est donc moi qui ai provoqué ta
perte ; mais non , ma vie rachètera
la sienne ; il est juste , puisque je
l'ai conduit au bord de l'abîme , que
la peine retombe sur moi. Et sans
perdre du temps en faiblesse , je me
débarrasse des bras de mes femmes
qui, m'ayant vue prête à m'évanouir,
me faisait respirer des sels , tandis que
Neijif-Khan , désespéré , m'exhortait
à fuir avec lui , ne pouvant , par sa
qualité d'étranger , et l'intimité connue de ses relations avec Achmet ,
rien entreprendre pour le salut d'un
ami si cher , sans s'exposer lui-
même à mourir pour la même cause...

— Fuyez, Seigneur, si vous le jugez nécessaire à votre sûreté ! mais n'espérez pas que je vous suive : veillez à nos intérêts, si vous le pouvez encore, encouragez nos amis dans cette affaire, et le ciel fera le reste.....

Réfléchissant que si Neijif-Khan courait quelques risques on ne viendrait pas le chercher dans notre palais, je l'engageai à y rester caché jusqu'à ce qu'il eût de mes nouvelles ; et ayant fait venir l'intendant et le médecin dont la fidélité m'était connue, je leur recommandai le Prince et toutes mes femmes, dont je fis fermer le harem, en chargeant mes deux nègres du soin de les servir, et d'en garder l'entrée pour éviter les désordres qui pourraient survenir pendant mon absence.

Ayant ensuite remis à Neijif-Khan les clefs de mes trésors et de tout ce que nous possédions de précieux, je l'exhortai à la prudence, et à me réclamer si à la fin du jour je ne reparaissais point ; car mon intention était de me rendre auprès du Sultan, me jeter à ses pieds, me charger de tout, implorant sa clémence pour les deux victimes et attirer ses vengeances sur moi seule.

Néanmoins, un peu embarrassée sur les moyens de parvenir jusqu'au Sérail, puisque par la nature des circonstances je ne pouvais avoir recours à la sultane Validé, qui ne pouvait manquer de soupçonner la vérité, connaissant mes entretiens secrets avec la Princesse sa fille, ne m'eût plus accordé l'entrée de son palais , bien persuadée que j'alimenterais la flamme d'Alaïska par l'espoir des services d'Achmet et de ses nombreux amis. Le Séliktar-Aga , premier personnage de la Cour eût pu m'être favorable , mais ayant eu part au projet , il s'était mis à couvert par la fuite , et dans ce cas il ne me restait que le premier Visir pour m'introduire , selon la plus sévère étiquette , aux pieds de Sa Hautesse.

Je savais depuis long-temps que le Ministre était l'ennemi secret d'Achmet , et qu'irrité de ce que j'avais constamment refusé ses hommages, il ne pouvait être bien disposé pour moi. Mon sang se glaçait d'effroi à l'idée de m'adresser à lui ! Cependant, poussée par la crainte de voir trancher les jours de celui que tant

de vertus me forçaient de chérir ! je
me résigne à ne rien négliger et à
tout souffrir pour parvenir à mon
but. Étant allé dans mon oratoire,
j'adressai mes vœux au Seigneur pour
la délivrance de ce mortel respectable
qui désirait vivre et mourir dans la
foi chrétienne. Fortifiée par le secours du Dieu tout puissant, je
monte en voiture et me fais conduire chez le redoutable Yusuf-
Pacha, accompagnée seulement de
Zollina et de quatre esclaves à cheval.

Le Visir me reçut d'un air où
se peignait la surprise et une joie
maligne qui ne me fit rien présager
de favorable à mon entreprise.

« Que la lune de Régeb soit à
» jamais bénie, belle Princesse ! puis-
» qu'elle vous conduit aujourd'hui

» dans ce palais où je serai peut-
» être assez heureux pour vous ser-
» vir et contempler vos charmes ! »

— Oubliez-vous, Seigneur, qu'un tel langage, tenu à une chrétienne, devient un sacrilége, dans la bouche d'un homme revêtu des plus hautes dignités de l'Empire Ottoman?... Mais s'il est vrai, Seigneur, que vous soyez assez généreux pour souhaiter de m'obliger, c'est en me faisant conduire auprès du magnanime Sultan votre souverain, que vous acquerrez des droits à ma reconnaissance.

Le Ministre changea plusieurs fois de couleur en me fixant d'un air pé-nétrant et passiomé ; puis il me dit : « Je doute, Madame, que le Sultan, » mon maître, consente à vous re-» cevoir dans des circonstances aussi
peu

» peu favorables, et celle qui osa
» abuser du rare privilége accordé à
» son rang, à sa jeunesse, pour
» entrer dans cette auguste enceinte,
» ne doit-elle pas craindre d'y re-
» paraître ? fuyez-la, madame, et
» cessez de dédaigner mes offrandes ;
» que ce palais soit dès à présent
» votre asile ! et que le culte que
» je rendrai à vos incomparables
» attraits vous en rende le séjour
» aussi agréable qu'il me sera doux
» de vous posséder ! Tout est changé
» pour vous ; le sort d'Achmet est
» dans mes mains !.... S'il est cou-
» pable, il périra !..... — Ah Sei-
» gneur ! épargnez une infortunée
» déjà accablée par la douleur, ne
» déchirez pas son ame assez con-
» fiante pour oser espérer que Votre

» Grandeur daignera la conduire au
» pied du Trône ! c'est pour faire
» connaître la vérité à Sa Hautesse
» que je désire être admise à cet
» honneur dont je fus tant de fois
» comblée ! »

L'astucieux Visir, après m'avoir
tenu encore quelques discours propres à exciter mon indignation autant que mes craintes, me promit
d'aller à l'instant même disposer Sa
Hautesse à me recevoir ; et sous prétexte de me faire attendre son retour
sans éprouver d'ennui, il nous conduisit dans le harem de ses femmes
qui étaient au nombre de vingt,
toutes fort belles, il leur ordonna
de me traiter avec les égards dus à
mon rang, et nous fit servir un
dîner magnifique.

Je dois observer à mes lecteurs que ce Seigneur n'était pas marié ; car quoique la loi permette d'avoir trois femmes légitimes, ils n'en ont jamais qu'une qui doit être de qualité et qui est souveraine de leur maison ; du reste, s'ils sont enclins à lui manquer de fidélité, ce n'est qu'à la faveur du plus profond mystère.

Yusuf-Pacha nous ayant donc laissé avec ses esclaves, toutes s'empressèrent à me plaire ; et sans l'inquiétude mortelle dont mon ame était ulcérée, j'eusse passé cette journée fort agréablement ; elle s'écoula enfin, et déjà la clarté des flambeaux avait succédé à celle du soleil, que Yusuf n'avait point encore reparu.

L'heure de la troisième prière avait sonné, et je commençais à désespérer, lorsque soudain les portes du harem s'ouvrirent et offrirent à mes regards le chef des eunuques, qui m'annonça que j'étais attendue, et que par ordre de son maître il aurait l'honneur de me conduire à la Porte impériale.

Je me hâtai de prendre congé des dames, et suivant les pas de l'eunuque dans un trouble effroyable, nous arrivâmes dans la cour du palais où était le carrosse du Visir, dans lequel on me fit monter. Un homme était assis dans le fond, et deux muets d'une figure hideuse composaient toute notre suite ; l'eunuque monta à cheval et se tint selon l'usage à une des portières. La pauvre Zolina était morte de frayeur dans l'idée que ces muets pouvaient être les instrumens de quelques vengeances secrètes exercées sur moi avant la délivrance d'Achmet ; et si de mon côté je n'étais pas tranquille, ce n'était pas la crainte de mourir qui pouvait troubler ma sécurité ; celle des persécutions et des supplices auxquels mon généreux père était exposé, me tourmentait plus que tous les maux qui devaient en résulter pour moi.

Un silence absolu régnait entre mon compagnon de voyage et moi ; voyant qu'il voulait l'observer, je ne crus pas devoir le rompre ; et nous avions fait une demi-heure de route par mille détours que je ne connaissais pas, parce que les jalousies étaient baissées de façon qu'on ne pouvait rien voir, lorsque nous entrâmes dans une grande cour, dont

le pavé uni et les janissaires qui se
trouvaient à la porte me firent croire
que nous arrivions au Sérail. Cependant l'obscurité qui régnait dans cette
vaste enceinte démentit bientôt cette
opinion qui n'eût pas tardé à l'être
par l'événement qui suivit de près ;
car la voiture s'étant arrêtée , l'eunuque en ouvrit la portière et me
prenant dans ses bras , me porta au
travers d'une longue allée de cyprès
qui aboutissait à une espèce de mos-
quée dont les muets ouvrirent les
portes ; dans le fond était une petite
chapelle fermée d'une grille dorée ,
tendue intérieurement d'une étoffe
noire , et renfermant plusieurs tombeaux de marbre , d'une architecture
antique , mais superbe : trois lampes
éclairaient le lieu que je soupçonnais

faire partie du palais de Porphire.
Je ne me trompais pas, peu de jours
après je lus sur un de ces monumens le nom d'Irêne, et sur un autre
celui de Constantin Paléologue.

Immobile d'étonnement, ne voyant
plus Zolina et ne pouvant comprendre pourquoi on m'avait conduite
au milieu des tombeaux, je n'avais
pas encore songé à en demander la
raison, que je vis venir à moi Yusuf-
Pacha : Est-ce là, lui demandai-je,
Seigneur, le résultat de vos pro-
messes et de votre négociation ? —
C'est, madame, la volonté du Sultan
que vous soyez ici jusqu'à ce que
j'aie entendu l'aveu de votre crime ;
après quoi son auguste clémence exa-
minera quel genre de supplice aura
à subir votre jeunesse et votre beauté ;

mais exécuteur des volontés de Sélim, mon pouvoir surpasse celui de ce monarque, et celui qui ose résister à mes ordres, ne le fait jamais impunément. Réfléchissez, madame ! et disposez-vous à répondre à cet amour dont par vos attraits mon cœur est enflammé !.... qu'avant que le soleil ait marqué la dernière heure du jour _ qui va suivre, vos yeux, où je ne vois encore que le dédain qui m'outrage, m'annoncent alors mon triomphe et le vôtre. Le mien, Seigneur, m'écriai-je avec indignation ! Ah ! si vous le faites consister dans l'oubli de mes devoirs, dans ce que je me dois à moi-même, croyez que je périrai victime de votre lâche barbarie, plutôt que de devenir l'objet de vos honteux plaisirs ! non, n'espérez rien

ni de mes aveux, ni de vos persécutions ; c'est au Sultan seul que
je dois la relation du crime dont
on accuse l'infortuné Achmet : oui,
je le jure par le Dieu qui m'éclaire
et me protége, qu'aucun autre que
Sa Hautesse, n'aura connaissance de
la vérité ! et ni les menaces, ni les
tourmens que ta cruauté me prépare
n'auront le pouvoir d'ébranler mon
ame !..... Audacieuse chrétienne ! quel
génie malfaisant a pu te faire oublier
que celui que tu oses insulter ainsi,
tenant dans ses mains les destinées
de l'empire, pourrait dans cet instant anéantir la tienne, ou te la faire
finir dans les fers, en te forçant
d'abjurer la loi de ton Christ !......
— Téméraire Pacha ! quels sont tes
droits sur ma liberté et ma vie ? et

comment oses-tu croire que la princesse Eliza , connue de tout ce qu'il
y a de grand dans la Sublime Porte ,
ne sera pas arrachée à tes mains ho-
micides ? Peux-tu espérer que ton
crime restera ignoré et impuni ? et
si mon existence est menacée de quelques dangers , n'oublie pas du moins
que tu en dois compte au Ministre
de ma Nation , qui ne tardera pas à
me réclamer ! Eh ! ne prétends pas
me persuader que le magnanime
Sultan ton maître , t'ait ordonné de
me conduire dans cet asile de la
mort !.... Vas consulter l'Alcoran, et
si Mahomet te commande d'opprimer
la vertu et la faiblesse , de manquer aux égards dus à mon rang,
à mon sexe et à ma qualité d'étrangère ; alors reviens !... et la voix de

mon Dieu répondra à celle de ton Prophète !

Je prononçai ces dernières paroles avec une telle véhémence, que le Visir resté debout devant moi, les bras croisés sur la poitrine, les laissa tomber soudain, comme un être paralysé ; voulant cacher son trouble, il s'inclina profondément et disparut, fermant les portes de la chapelle après lui. Cédant enfin à la violence des sensations douloureuses que j'avais long-temps comprimées, je tombai sans connaissance sur le marbre qui se trouvait à mes pieds.

Je ne sais combien dura mon évanouissement, mais en rouvrant les yeux je me trouvai dans les bras de ma fidelle Zolina, et couchée sur des carreaux placés derrière des pilastres qui me séparaient des deux horribles muets qui m'avaient introduite dans ce lieu, et qui tenaient, chacun sur un grand plateau, la collation du soir qui m'était destinée, tandis que Zolina me faisant respirer des sels, s'efforçait de cacher sa propre affliction pour ranimer mon courage et m'engager à prendre quelque nourriture ; mais ce fut en vain, je ne voulus rien accepter durant plus de deux jours ; la conjurant elle-même de ne prendre que les mets les plus simples, dans lesquels on ne pouvait pas introduire du poison.

J'appris de cette esclave chérie, que l'eunuque qui était venu de la part de son maître pour me demander mes ordres, m'ayant trouvée dans cet état, n'avait pas douté de ma mort ;

mort, et ayant fait son rapport au Visir, ce dernier avait montré des angoisses violentes, et ordonné qu'on amenât promptement cette femme pour essayer le secours des sels et ne rien épargner pour me rendre à la vie.

Sa conduite pendant le temps que dura mon indisposition, me prouva qu'il n'avait pas l'intention de me faire mourir; mais que tourmenté par une passion ardente, sans raison comme sans vertu pour la réprimer, il était, malgré mes infortunes, plus à plaindre encore que moi.

Cependant le malheur de ma position augmentait chaque jour, en mesure de mon impatience et de mes craintes sur le sort du généreux Achmet, que je désespérais de pouvoir sauver, sachant quelle marche rapide prennent dans cet Empire les causes criminelles ; et Neijif-Khan, cette idole de mon cœur, semblait avoir cédé la place à son infortuné ami, dont les souffrances et les dangers qui menaçaient son existence précieuse ; m'occupaient toute entière, et me faisaient oublier jusqu'à mes propres maux ; dans cette affreuse perplexité, je priais Dieu sans cesse de venir à mon secours et de m'éclairer sur la conduite que je devais tenir avec mon persécuteur.

Une nuit, après avoir répandu des torrens de larmes en faisant mon oraison, le sommeil, qui jusques-là avait fui mes paupières, vint enfin y répandre ses pavots bienfaisans. Je m'endormis profondément ; bientôt un songe remarquable agita mon esprit ; je me sentis glisser sur la pente d'un effroyable précipice où j'allais être abîmée , lorsque mes pieds s'arrêtèrent tout-à-coup contre le tronc d'un arbre , et je restais assise non sur la terre , car je ne rampais point , mais sur un petit siége de bois !!! Au même instant une voix inconnue me crie : « Rends » grâces à Dieu qui t'a sauvée ! .... » Étonnée , je regarde autour de moi, et ne voyant personne , je croyais m'être trompée , quand la même voix se fit encore entendre : « Tu n'es point » dans l'illusion d'un songe ; je te le » répète : Dieu veille sur toi , confie- » toi en sa bonté , et suis tranquil- » lement le sentier que tu aperçois » au bord de ce fleuve. » Je vis ef- fectivement le chemin indiqué , au long d'une petite rivière dont l'eau était plus pure que le cristal ; et à mon réveil, aussi satisfaite que surprise des circonstances de ce songe que je regardai comme significatif, je cherchai dans ma faible intelligence comment je pourrais les expliquer, et voici la manière dont je les interprétai :

Le précipice était le danger de ma situation, le petit siége qui me soutenait en glissant sur la pente rapide, m'avertissait que mon corps ne serait point froissé, et que je ne ramperais par aucune démarche humiliante auprès de mon ennemi ; le sentier et l'eau claire étaient la source des vérités pures que j'avais fait vœu de révéler, et que je devais suivre pour arriver au port : Eh !

cette voix consolatrice ne pouvait être qu'une émanation divine, propre à fortifier ma foi et soutenir mon courage !

Rafraîchie par les douceurs du repos, animée d'une force nouvelle, il me sembla que tous les tyrans réunis n'auraient pas le pouvoir de m'ébranler ; et s'il m'est permis de hasarder cette comparaison, je crois qu'un héros à l'aspesct d'une bataille, ne fut jamais mû de désirs aussi impétueux de se distinguer, que je l'étais en attendant le Visir.

Pendant tout le temps de ma captivité qui se prolongea l'espace de quarante - cinq jours, mon agitation fut si grande que je ne fus pas capable de goûter un instant de repos, et tandis que Zolina passait les nuits dans un sommeil léthàrgique, je me livrais à l'ardeur de mon imagination', errant comme Young sur les tombeaux qui m'environnaient.

Depuis quelques jours j'avais apperçu dans l'enfoncement d'une chasse une porte étroite et fermée de façon que je ne pus l'ouvrir ; songeant néanmoins que je parviendrais à y réussir, au moyen de quelques efforts, je la fis remarquer à Zolina, et me livrais déjà à l'espoir de tromper la surveillance du Visir, d'échapper à ses poursuites, et triomphant de sa tyrannie, arriver jusqu'aux pieds du trône ; déjà il me semblait entendre la voix du magnanime Sultan, prononcer le pardon de mon tendre père, voler dans les bras de cet homme généreux et lui prodiguer les plus tendres caresses !..... Douce rêverie du bonheur , que votre secours est consolant , au milieu des angoisses les plus cruelles , vous saviez encore me causer quelques instans heureux. Dans la confiance que me donnait une espérance si flatteuse , je m'attachais fortement à ce projet et je résolus de le mettre à exécution aussitôt que je le pourrais.

Notre prison était parfumée pendant les repas , et la superfluité avec laquelle nous étions servies me devenait importune.

A peine le soleil se montrait-il pour la seconde fois sur l'orizon depuis que j'avais fait remarquer la petite porte à Zolina , que le grand eunuque noir , suivi des muets qui avaient coutume de nous servir , m'apporta des habits de deuil suivant l'usage du pays, avec une quantité de perles funéraires, une branche de cyprès, à laquelle était attaché un gros bouquet de fleurs emblématiques qui exprimaient, chacune en particulier, ce que je ne pouvais entendre sans frémir ! Ces choses me furent présentées par l'eunuque qui me pria de la part de son maître de me parer des habits et de me préparer à recevoir le Visir avec les égards qui étaient dûs à son rang et à son mérite.

Je sentis que j'allais succomber à l'aspect des objets funèbres qui m'annonçaient la mort du plus vertueux des hommes ; mais réfléchissant que ce pouvait être un piége du Ministre pour me persuader qu'il ne me restait d'autres biens que ceux qu'il pouvait m'offrir, d'autre protection que la sienne, je rappelai mon courage et ma fierté; puis me tournant vers l'eunuque.... « Allez, dites au Seigneur » Yusuf- Pacha que je lui ferai assu- » rément la réception dont il est di- » gne!.....» Content de cette réponse dont il ne comprit pas le véritable sens, le noir Aly nous quitta en recommandant à Zolina de soigner ma santé et ma figure.

CHAPITRE IX.

Les rayons du soleil avaient pénétré pour la quinzième fois sous les
voûtes sombres de la chapelle qui
nous servait de prison, lorsque mon
tyran, qui n'avait pas reparu depuis
le jour terrible qu'il m'avait conduite
en ces lieux, me fit prévenir de sa
visite et de ses dispositions.

Après que j'eus dîné et reçu les
parfums, l'eunuque vint me chercher
et me conduisit hors du temple, dans
un grand jardin qui n'en était éloigné
que de cinquante pas, à l'extrémité
duquel un kiosque magnifique, om-
bragé d'arbustes odorans, me laissa
apercevoir celui qui m'attendait. Dès

que le Visir me vit, il se leva et
vint au devant de moi.... « Ado-
» rable Princesse, je bénis le ciel et
» son Prophète de l'heureux chan-
» gement qu'ils viennent d'opérer
» dans votre ame et dans votre des-
» tinée ; quoique je doive aujour-
» d'hui vous apprendre une chose
» affligeante, j'ose croire, Madame,
» que mon amour et mes soins
» pourront tempérer l'amertume de
» votre douleur..... » Il cessa un
moment de parler et me faisant asseoir
sur une ottomane, il ordonna qu'on
nous servît le café et des aukases ; et
en même temps une musique délicieuse se fit entendre derrière nous.
Je me livrai quelques instans aux
douces sensations qu'elle excitait dans
mon cœur ; et comme j'allais répandre

un déluge de pleurs, Yusuf se hâta
de reprendre la parole en ces termes :

« Vous avez perdu, Madame,
» dans la personne d'Achmet-Taleb,
» un père tendre, un ami généreux,
» une fortune immense !... mais tous
» ces avantages, vous les trouverez
» en moi si vous acceptez l'hommage
» des feux dont je brûle pour vous ;
» et Sélim, ce Sultan incompara-
» ble, touché de votre attachement
» pour la Princesse sa fille, flatté du
» respect que vous avez montré
» pour les lois de notre saint Pro-
» phète, espérant que vous ne dé-
» daignerez pas, Madame, de vous
» y conformer, me permet de vous
» épouser publiquement, et de ré-
» voquer l'arrêt que le Divan avait
» prononcé contre vous et tous les
» chrétiens

» chrétiens qui se trouvent dans son
» empire. »

Je l'avais écouté dans un profond silence tout le temps qu'il avait parlé; mais des mouvemens aussi impétueux que divers s'étant élevés à la fois dans mon cœur, j'eus une peine infinie à cacher mon agitation, pour lui répondre avec le calme et la politesse qui convenaient à son rang. Un peu recueillie, je lui dis : « Seigneur,
» aussi sensible à l'honneur que vous
» prétendez me faire, qu'aux bontés
» de votre auguste Souverain, je
» suis fâchée d'être obligée de vous
» répéter ce que je vous ai déjà dit:
» Il m'est impossible de satisfaire
» votre amour en acceptant vos
» offres ; car en admettant la mort
» du prince Achmet, je ne puis voir

» en vous qu'un délateur, que l'auteur
» de sa perte, circonstance qui ne
» peut qu'ajouter à mon éloignement
» pour vous ! En second lieu, s'il
» est vrai que j'aie eu le malheur de
» perdre cet ami respectable, il m'en
» reste un auquel ma main et mes
» affections sont engagées, qui seul
» pourra me consoler en partageant
» ma douleur. Mais si j'en crois une
» voix intérieure, les choses ne sont
» point comme vous me les présen-
» tez ; et puisque vous m'aimez,
» Seigneur, sans doute en dépit de
» vous-même, si mon ingratitude
» vous offense, croyez du moins
» qu'elle n'est pas volontaire, que
» les sentimens que vous désirez de
» moi sont dans la nature; qu'il n'est
» pas plus en mon pouvoir qu'au

» vôtre de leur commander.... Ah
» Seigneur ! rendez-moi la liberté
» dont vous m'avez privée en me
» retenant captive ; vous ne faites
» que vous souiller d'un crime du-
» quel vous ne recueillerez aucun
» fruit..... Soyez généreux et sen-
» sible, vous le pouvez ; éloignez à
» jamais de vos yeux celle dont les
» faibles attraits seront bientôt ef-
» facés de votre souvenir.... »

Un morne silence succéda pendant quelques momens à ces derniers
mots. Le Ministre, placé sur une estrade en face de celle où j'étais assise,
le visage pâle, les lèvres mouvantes,
les yeux fixés sur moi avec une
expression qui me fit tressaillir, se
leva avec précipitation, me dit d'une
voix presque étouffée : « Cruelle

» Princesse! quelle divinité a présidé
» à votre éducation? quoi! dans un
» âge où les femmes de ce pays ne
» connaissent que le plaisir d'aimer,
» vous me parlez le langage de la
» sagesse et de la plus saine raison;
,, et il faut que je vous adore, lors-
,, que je voudrais vous haïr. Ah!
,, ne prétendez pas que je renonce
,, à un bien si précieux, vous dont
,, la moindre faveur me serait plus
,, agréable que celles de toutes les
,, beautés que vous avez vues dans
,, mon harem!.. Non, Madame, puis-
,, que mon amour est sans espoir,
,, que mes tourmens, mes richesses et
,, mon pouvoir ne vous touchent
,, point, vous languirez au milieu
,, des tombeaux où vous allez rentrer;
,, et là, chaque instant qui ne serait

„ pas consacré aux intérêts de l'Em-
„ pire, j'irai m'abreuver du poison
„ qui découle de vos lèvres de rose,
„ et enfoncer plus avant dans mon
„ cœur les traits qui partent de vos
„ yeux. „ Il dit, et ayant ordonné
à l'eunuque de me reconduire dans la
chapelle, je m'éloignai de lui, pénétrée de pitié pour son aveugle passion,
et désespérée de ne pouvoir me soustraire à sa tyrannie.

Absorbée de douleur, je me jetai
dans les bras de ma chère Zolina,
qui, après avoir épuisé toutes les
ressources de son esprit pour me
calmer, me rappela la petite porte
dont j'avais projeté l'ouverture ; mais
peu confiante dans mes facultés, je
demandai le secours de Dieu ; et après
une courte invocation à ce Père mi-

séricordieux, armées du courage que peut inspirer le désir de recouvrer sa liberté, nous nous dirigeâmes vers cette porte, seul espoir de notre salut, mais dont nous étions encore bien éloignées de prévoir les issues et les suites.

Les efforts réitérés que nous fîmes pendant très-long-temps pour l'ouvrir avaient épuisé presque toutes nos forces, et nous allions désespérer de réussir, quand excitées par un nouveau désir, nous parvînmes à la faire tourner sur ses gonds.

Elle offrit d'abord à nos regards une longue voûte souterraine dans laquelle il fallait descendre par un escalier étroit et glissant, car il était de marbre ; nous nous hâtâmes de prendre nos lampes pour satisfaire

notre curiosité ; et étant descendues
nous parcourûmes tous les détours
de cette allée sombre, dont les murs,
le parquet comme la voûte étaient
d'un marbre superbe ; nous arrivâmes
ensuite à une galerie fermée par
deux rangs de colonnes de porphyre,
entrecoupées de statues grecques ; le
haut de la galerie étant éclairé des
pâles rayons de la lune, nous fit juger
que son dôme surmontait de quelques
pieds la surface du terrain. De là
nous entrâmes dans une salle immense
entourée d'estrades recouvertes de
coussins de brocard d'or, mais de
la plus grande vétusté. Plusieurs instrumens de musique se trouvaient à
une des extrémités de la salle, ce qui
me causa quelque plaisir, car j'en
augurais que ces lieux, sans doute

fréquentés, m'offriraient peut - être plus facilement les moyens de m'échapper, ou du moins ceux de faire connaître ma prison et l'arbitraire que l'on exerçait sur moi, aux protecteurs qui me restaient.

La nuit était trop avancée pour poursuivre notre course, et dans la crainte qu'on ne s'aperçût de notre absence avant que nous eussions pu nous soustraire aux poursuites du Visir, nous résolûmes de rentrer dans la chapelle en nous promettant de continuer nos recherches le lendemain. Mais hélas ! j'étais bien loin de prévoir les nouveaux tourmens dont j'étais menacée.

Le jour avait paru quand les muets nous apportèrent des tapis et une quantité de carreaux, des vases de fleurs et des parfums, et arrangèrent notre prison de manière à la rendre un peu moins lugubre. Nous n'étions pas sans inquiétude sur nos tentatives, le moindre indice pouvait déjouer le projet qui faisait notre seule consolation; mais heureusement nous avions eu soin de faire disparaître tout ce qui aurait pu nous trahir, et la porte était assez bien placée pour n'être pas remarquée facilement. Ils n'eurent aucun soupçon; cependant Zolina voulant mettre en œuvre un nouvel expédient pour acquérir notre liberté, montra des diamans à nos muets, et leur dit que s'ils voulaient nous laisser fuir, on leur en donnerait vingt fois plus; ce fut inutile, ils nous firent entendre qu'on leur couperait la tête, et qu'il était impossible d'échapper. Il fallut se résigner à son sort.

Le soleil n'était pas encore sur son déclin que je vis entrer Yusuf-Pacha, j'étais résolue de ne point l'irriter, et de n'opposer à ses persécutions que la douceur, la politesse et la religion ; mais l'hilarité de sa figure me fit craindre d'être dans la nécessité d'employer d'autres armes : il me salua, s'informa de ma santé, et ayant fait signe aux muets, ils conduisirent Zolina hors de la chapelle. En vain je priai qu'on la laissât auprès de moi, je ne pus l'obtenir; et quoique je crusse devoir me rassurer sur l'usage, je ne pus me défendre d'une terreur secrète, en songeant que je me trouvais seule, en lieu clos avec cet homme redoutable.

Voulant le tenir à l'écart, je me plaçai dans l'enfoncement, derrière une urne, où, dans une attitude religieuse je sollicitais la protection de Dieu ; il attendit quelque temps en silence, mais impatient de ma lenteur, il se lève, passe derrière moi, et me saisissant par le corps, me porte sur une pile de carreaux et s'assied près de moi. Indignée de cet acte de violence, je le lui reprochai avec aigreur, à quoi il répliqua que n'étant pas venu pour assister à ma dévotion, mais pour s'abreuver de délices, il espérait que mon Christ ne lui en voudrait pas pour avoir interrompu mon entretien avec lui.

Mes lecteurs me permettront de passer sous silence la scène révoltante qui succéda ; je dirai seulement qu'ayant été obligée d'employer toute la force et les menaces dont j'étais capable pour le tenir à une respectueuse distance, je ne fus délivrée de cette affreuse lutte que lorsque les Mauzias, du haut de leurs minaretz, appelèrent le peuple à la prière.

A cette heure là chaque Seigneur rentre chez soi pour n'en plus sortir que dans des cas nécessiteux ; tandis que les marchands et autres particuliers courent en foule aux mosquées ; à la prière succède le repas du soir, consistant en fruits, kuricht ou pilhaux, après lequel on passe dans son harem quelques heures avant de se livrer au repos. A minuit tout est calme ; les janissaires de la garde sont les seuls êtres éveillés dans

les

les murs de Constantinople , encore le plus rigoureux silence doit régner au milieu d'eux.

J'attendais avec une anxiété indicible le retour de Zolina , quand pour surcroît d'affliction je vis paraître à sa place une esclave inconnue , d'un aspect repoussant ; et devinant les intentions du Visir dans cette conduite barbare , je sentis plus vivement le poids de mes infortunes ; car il fallait renoncer à l'espoir de retourner dans les souterrains par la crainte d'être trahie ; aussi n'en parlai-je jamais à cette femme dont tous les discours tendaient à combattre mon aversion pour le tyran qui me tourmentait ; exalter sa magnificence et ses richesses , employer toutes les ruses pour découvrir l'objet de mes affections , combattre mes scrupules , tourner en ridicule mes mœurs et ma religion , vouloir m'endormir par des contes , et me forcer à prendre des somnifères , sous prétexte que ma santé souffrait par le besoin du repos. Bien que je sentisse la justesse de cette observation, j'avais trop peu de confiance dans sa moralité et les apparences de son dévouement pour lui abandonner le soin de ma personne ; aussi eut-elle beaucoup à se plaindre de mon opiniâtreté ; du reste je la traitai avec douceur, me faisant une loi de ne lui répondre que sur ce qui était d'absolue nécessité.

Yusuf venait tous les jours; quelquefois se tenant debout vis-à-vis du sofa où j'étais assise, les bras croisés sur la poitrine, les yeux fixés sur moi , l'air sombre ; il s'en allait sans avoir proféré une seule parole ; mais il ne manquait jamais d'entretenir l'esclave en particulier.

Un jour qu'il paraissait un peu mieux disposé , je voulus faire un effort d'amabilité pour l'entretenir agréablement afin de l'amener par degrés à ce que je désirais de lui : je lui parlai des usages de la France , des agrémens de la société , des priviléges dont les femmes y jouissent , de leur amour pour la vertu et des avantages de l'éducation , sur quoi il fit les plus grands éloges , prenant occasion de parler de moi et du pouvoir absolu que j'exerçais sur toutes les facultés de son être ; alors je le raillai sur son fol amour pour une femme dont les charmes étaient si inférieurs à ceux des beautés qu'il avait à son choix ; je les louai avec exaltation , je voulais le convaincre que tout, dans ma figure , était défectueux , et je conclus en l'assurant qu'il se couvrait de ridicule en m'aimant et me sacrifiant des instans précieux , perdus pour lui comme pour moi ; enfin qu'il imprimait à son caractère et à sa réputation une tache ineffaçable ; qu'en me rendant malheureuse , il me forçait de le haïr lorsque je désirais avoir pour lui des sentimens plus humains; puis le suppliant de se détacher de moi , je lui ordonnai de m'ôter la vie qui me devenait insupportable , s'il ne voulait me rendre la liberté.

« Que me demande-tu , créature » céleste , envoyée sur la terre pour

» la gloire de ton sexe, tu voudrais
» que je fusse ton assassin, parce
» que je ne puis consentir à t'éloigner
» de moi pour te voir faire la félicité
» d'un rival que j'abhorre ; non, par
» Mahomet ! je ne te laisserai point
» aller que tu ne m'aie donné ta
» main, ou..... Il s'arrêta..... Ado-
» rable Princesse, est-ce quand vous
» venez de rallumer les feux qui me
» consument, que vous pouvez me
» demander ce que je ne puis con-
» sentir à vous accorder; ne pouvez-
» vous désirer autre chose que cette
» liberté funeste ? exigez tout de
» moi, mais laissez-moi encore ad-
» mirer des vertus que je suis trop
» malheureux pour pouvoir imiter. »
Remarquant un crucifix de diamans
qui pendait à mon cou : « Fatal objet,

» c'est toi , sans doute, qui t'oppose
» à mes désirs , et qui fais une hé-
» roïne d'une fille de quinze ans. »

Oui , Seigneur, lui répondis-je ; et
si vous voulez l'aimer et le préférer à
votre Prophète , il ferait aussi de
vous un héros vertueux.

« Qu'osez-vous proposer, cruelle ?
» Mais si j'étais chrétien vous m'ai-
» meriez peut-être? » — Vous seriez
mon frère, et je vous aimerais comme
tel. — Rien de plus ? — Je vous esti-
merais davantage. « Ce n'est point
» encore assez. Celui qui a le bon-
» heur de régner dans votre ame
» est-il un de vos frères? Oui. Eh
» bien , je lui pardonne d'être mon
» rival. » — Laissez-moi donc sor-
» tir, Seigneur. — Pas encore ; j'y
» penserai, perfide Eliza. —Rendez-

» moi mon esclave, et ne m'envoyez
» plus la vôtre. — « J'y consens, mais
» en retour, Madame, que j'emporte
» l'espoir qu'avant que le rossignol
» ait célébré trois fois les amours du
» zéphyre et des roses, vous aurez
» pour le malheureux Yusuf les
» sentimens humains dont vous par-
» liez naguère. » Il sortit, et peu
de temps après je revis ma chère
Zolina.

Cette charmante fille, après avoir
satisfait aux élans de son cœur,
m'apprit qu'elle avait été enfermée
au palais du Visir ; qu'il l'avait
constamment pressée de lui dire comment j'avais vécu avec Achmet, et
quel était le mortel bienheureux auquel ma foi était engagée. Voulant
l'intimider, elle lui avait dit que

c'était un Prince français très-puis-
sant, et qu'on l'attendait de jour en
jour; elle l'avait vu pâlir à ce discours, se frapper la poitrine et sortir brusquement. Ayant ensuite gagné
la confiance de l'esclave qui la suivait, elle l'avait engagé à aller au
palais d'Achmet s'informer de l'état
de toutes choses, et apprendre en
même temps à mes gens dans quel
lieu j'étais enfermée.

L'esclave lui avait rapporté une
lettre qu'elle me remit; j'y lus les
plus tristes détails, elle était du
Kojedar; il nous apprenait que son
illustre maître existait encore, mais
qu'on tremblait chaque jour pour des
nouvelles funestes. Le prince Oscar
me croyant perdue sans retour, était
dans un état désespérant; il avait

désiré occuper mon appartement, et
là, le médecin d'Achmet ne le quittait
pas, il lui prodiguait tous ses soins ;
et lorsqu'on lui avait dit qu'il me re-
verrait dans peu, il avait eu des
transports de joie si violens qu'on
avait craint pour sa raison. Il ajoutait
qu'ils avaient été chez le Ministre
français pour me faire réclamer, mais
que ce Seigneur était en voyage ;
s'étant adressé aux amis d'Achmet,
ces derniers avaient instruit le Sultan
de ma sollicitude auprès de son Ministre, qui fut assez téméraire pour
nier qu'il m'eusse vue, et ouvrir
toutes les portes de son palais aux
envoyés de Sa Hautesse pour leur
prouver qu'il ne me retenait point ;
après quoi on n'avait plus su où me
chercher.

Je ne doutai pas que depuis les renseignemens que Zolina avait fait parvenir , on ne recommençât de nouvelles enquêtes pour m'arracher à la tyrannie ; mais connaissant le caractère du Visir , je craignais que voyant ses noires trahisons une fois découvertes, il ne cherchât à se soustraire au châtiment qui l'attendait , en accumulant ses crimes , et ce que j'avais prévu arriva.

Dès que les ténèbres de la nuit nous eurent mises à l'abri de toute surprise, nous nous hâtâmes de descendre dans le souterrain ; étant arrivées dans la salle où nous avions borné notre première incursion , nous remarquâmes qu'on avait déplacé les instrumens de musique sur lesquels nos regards s'étaient arrêtés ; on y avait même laissé un recueil de poésies orientales de Maholy , et tandis que je m'amusais à y feuilleter , Zolina essayait d'ouvrir plusieurs portes qui s'offraient à ses regards , dont une céda à ses efforts , et nous laissa voir une longue enfilade de bains , dans lesquels les parfums qu'on respirait et mille autres signes réunis attestaient l'usage fréquent que l'on en faisait. Mais à qui appartenaient-ils ? et quel autre palais que celui des Sultans pouvait aboutir à cette enceinte mystérieuse où l'on n'entendait jamais personne ? d'ailleurs la connaissance que j'avais acquise de la situation du vieux Sérail , cette galerie de porphyre , tout en un mot me faisait juger que je ne me trompais pas , comme on le verra bientôt.

N'osant poursuivre nos recherches sans savoir où cette galerie nous conduirait, nous allions nous asseoir pour y réfléchir, lorsque nous entendîmes marcher sur notre tête ; émues de plaisir, de crainte et d'étonnement nous prêtâmes l'oreille à ce bruit : le silence qui se rétablissait nous fit présumer que nous avions été entendues, et qu'on cherchait à nous écouter. Nous en fûmes bientôt persuadées, car tout à coup nous entendîmes marcher très-précipitamment, ouvrir et fermer des portes, et aussitôt un homme tenant une bougie dans sa main se présenta à nos yeux ; immobile de surprise, incertain sur ce qu'il voyait, il restait debout sans oser s'approcher, nous prenant pour des ombres, tant il lui paraissait

impossible

impossible que des créatures vivantes pussent jamais pénétrer dans ce sanctuaire mystérieux.

Cependant rassurée sur sa qualité par la noblesse de sa figure, autant que par la richesse de ses habits et la forme de son turban, je prévins son embarras en me jetant à ses pieds. Pardonnez, Seigneur, qui que vous puissiez être, pardonnez, lui dis-je, une étrangère que la Providence a conduite ici pour y chercher un asile contre les persécutions d'un méchant homme, et non pour troubler votre solitude ou vos plaisirs; sauvez, sauvez une victime de la tyrannie!!!

Il m'avait relevée promptement, s'était saisi d'une de mes mains qu'il serrait dans les siennes, et me fixant d'un air affectueux, il me dit : « Char-

» mante inconnue , le Prophète est
» témoin de l'intérêt que je prends à
» vos peines , et du désir que j'ai
» de vous secourir ; mais si c'est
» l'esclavage qui les cause, Osman,
» captif et malheureux , ne pourra
» pas rompre vos chaînes... » Osman,
m'écriai-je ! ne doutant pas que ce
ne fût le jeune Sultan , ce gémissant
objet du despotique empire. Ah Seigneur ! serais-je assez heureuse pour
voir dans Votre Grandeur l'époux de
ma bien-aimée, la belle Alaïska ? parlez , je vous en conjure , vous ne
voyez pas en moi une esclave , mais
une Princesse française plongée dans
l'infortune par son dévouement à vos
plus chers intérêts ; en un mot la
fille adoptive du généreux prince
Achmet.

« Que viens-je d'entendre, Madame !
» Eh ! comment se fait-il que la tendre
» et incomparable amie de ma Sul-
» tane adorée soit exposée à souf-
» frir pour moi ? et Osman, le trop
» infortuné Osman ne peut pas rem-
» plir les devoirs sacrés que lui im-
» posent les saintes lois de la nature,
» celles de la reconnaissance et du
» Coran. Affreuse destinée , est - ce
» pour m'accabler que tu conduis ici
» cette ame bienfaisante effrayée de
» tes coups ? » ..... Donnant essor à
l'ardeur de son caractère , il allait
continuer ses plaintes et ses excuses ,
lorsque je le priai de se calmer, et
de me donner des nouvelles de sa
chère Sultane.

Ce fut un nouveau trait enfoncé dans
son cœur ; il ne put se contenir , et

se laissant aller à tout ce que le désespoir a de plus amer, il tomba in-
volontairement sur une des estrades
en versant un torrent de larmes.

J'étais si attendrie de sa douleur
que je ne pus retenir mes pleurs
qui coulèrent abondamment ; il en
fut extrêmement touché, et oubliant
le sujet qui faisait couler les siennes,
il se releva pour fléchir un genou
devant moi.

« Pardonnez , ah ! pardonnez ,
» divine Princesse, les maux que
» je vous cause, et daignez m'ins-
» truire des circonstances qui m'ont
» procuré la consolation inestimable
» de voir votre grande ame sen-
» sible à mes malheurs, et de pou-
» voir en même temps rendre à vos
» jeunes attraits l'hommage qui leur
» est dû. »

Je lui fis le récit circonstancié de tout ce qui s'était passé entre Alaïska et moi , et des suites qu'avait eu l'entreprise d'Achmet , mon incarcé-ration dans les tombeaux , jusqu'au moment où je le rencontrai ; puis réfléchissant aux moyens dont il fallait user pour en donner connaissance au Sultan , nous convînmes que dès le lendemain il instruirait le Kiflis-Aga , et engagerait ce dernier à faire un prompt rapport à Sélim.

Osman pénétré de reconnaissance, ne se lassait pas de m'en faire en-tendre l'expression ; et son ame agitée de mouvemens tumultueux , donnait à sa physionomie une action si vive qu'il était aisé de lire tout ce qui se passait en lui ; et s'il ne fut jamais de caractère plus ardent , je crois qu'il n'exista pas non plus de figure plus mâle et plus noblement expressive ! Son cœur sensible et droit, son esprit juste et éclairé, ami des arts et de la littérature, eussent fait de lui le plus grand des Monarques qui eussent régné dans l'Empire Ottoman.

Je voulus me retirer, mais Osman m'ayant prié dans des termes si touchans, de prolonger encore quelques instans le plaisir qu'il goûtait en s'entretenant avec moi de son adorable Sultane ; que cédant à l'intérêt que m'inspirait ce Prince infortuné, je restai avec lui jusqu'au lever de l'aurore, ayant toujours Zolina près de moi.

Voulant à son tour m'être agréable autant qu'il était en son pouvoir, il eut la bonté de satisfaire à tout ce gue ma curiosité de quinze ans put désirer de lui.

Il me conduisit dans tous les appartemens de cet antique palais, nous fit voir la chambre où l'impératrice Irène avait donné le jour à Constantin Porphyragènette ; rien n'était plus magnifique ni plus curieux à voir que le lit où cette Princesse faisait ses couches !!! c'était une espèce de temple, formé par un groupe de colonnes en marbre blanc du plus beau poli, et ornées de riches sculptures ; le dôme en était élevé, et son cadre octogone présentait çà et là, des amours et des songes relevant les coins d'une gaze d'or qui servait de rideau ; sa base était une large estrade de la hauteur de quatre marches, accessible de trois côtés ; tandis que l'autre, fermé d'une balustrade dorée, laissait voir Diane et deux de ses Nymphes présidant aux couches d'Irène ; la délicatesse de l'ouvrage annonçait la main de Phidias , dont la Grèce offre encore de riches monumens.

Il nous conduisit ensuite à sa Bibliothèque , où la richesse des dorures et des vases remplis de parfums, excitèrent moins mon admiration que le choix des ouvrages qui la composaient ; les meilleurs Auteurs grecs, latins et arabes y étaient réunis dans tous les genres ; des globes , des instrumens de mathématiques , de géomé   , de musique, remplissaient cet immense sanctuaire , et occupaient les loisirs de l'illustre prisonnier dans cette vaste solitude.

Mais ce qui me frappa le plus d'étonnement, fut de voir sur une table,
le livre des Évangiles ouvert auprès
du Coran ; j'en marquai ma suprise
au sultan Osman, en lui demandant
lequel des deux méritait le plus d'attention et de respect, selon son
opinion ; car je ne doutais pas qu'il
ne les eût comparés sur tous les
points. Il me répondit qu'il trouvait
une quantité de détails et de pas-
sages inexplicables pour lui dans
nos saints Livres ; tandis que celui
de Mahomet était écrit avec tant de
clarté, qu'il était presque impossible
de se méprendre sur les erreurs, non
plus que sur la sagesse de ses principes ; et qu'en admirant la sainteté
du premier, il était forcé de rendre
justice au dernier.

Je convins qu'il avait raison, car en voyant les maximes de morale, de probité et d'humanité répandues dans l'Alcoran, étant dans leur simple nature beaucoup plus à la portée de la faiblesse et de la corruption humaine, que ne le sont les saintes lois du Christ; il n'est pas surprenant de trouver un plus grand nombre de musulmans vertueux que de chrétiens fidèles !.....

Est-il rien de plus beau, de plus édifiant, que la manière dont ces peuples nommés barbares exercent l'hospitalité envers les étrangers ; tandis que dans les pays les mieux civilisés, dans le monde chrétien, si un inconnu se présente à la porte d'un riche particulier pour demander un asile contre le mauvais temps, ou un léger repas, avec quelle dureté ne sera-t-il pas renvoyé ? que de prétextes on trouvera pour refuser de satisfaire à sa prière ! s'il porte l'empreinte du malheur , ses anciens amis , ses parens même, feignant de le méconnaître , ne voudront pas le recevoir !...... et ces gens-là sont des chrétiens ! Quel opprobre, mes chers lecteurs , pour un si beau nom ! ne vaudrait-il pas mieux être aveuglés par les erreurs de Mahomet , étant fidèles à ses lois, que de se dire serviteurs du Christ, et ne suivre aucun des préceptes qu'il nous a enseignés; et si la miséricorde divine s'exerce sur toutes ses créatures, je suis portée à croire que ce sera bien plus sur les victimes de l'imposture, que sur ceux qui, ayant connu la vérité, en auront secoué le joug, pour se livrer sans contrainte au dérèglement de leur esprit et de leurs mœurs.

Osman ayant éveillé ses muets, leur ordonna de nous servir une collation et de préparer du café dont nous avions tous besoin, ayant passé la nuit dans un entretien très-animé; et je puis dire que jamais nuit passée dans l'insomnie ne me parut aussi courte et aussi susceptible de jouissance que celle où j'eus le plaisir de suspendre quelques momens la douleur et les angoisses de ce Prince infortuné, en ranimant dans son ame l'espoir auquel il n'osait plus se livrer depuis la fatale arrestation d'Achmet; car, une fois hors des mains du Visir, j'étais résolue à tout tenter auprès de l'Empereur pour

obtenir

obtenir et la grâce de deux pré-
tendus coupables et la réunion des
deux illustres époux.

Le jour commençait à paraître,
lorsque le stupide Bajazet, éveillé
par un léger bruit, se lève et se
présente à nos yeux ; il était en-
veloppé d'une ample simarre et d'un
cavak si volumineux, que ce costume
grotesque, joint à la féroce expression de ses regards, nous causa une
telle frayeur que nous allions prendre
la fuite, quand Osman me prévint
en me faisant signe du doigt de ne
rien dire; et saisissant son frère par
le bras, il le reconduisit dans son
appartement, en lui disant que nous
étions des intelligences célestes, en-
voyées par le Prophète pour lui annoncer un événement heureux, et

qu'il ne devait point interrompre par sa présence une conférence si importante. Bajazet, aussi superstitieux que jaloux s'il eût connu la vérité, fut charmé de ce petit conte et se laissa fort tranquillement emmener.

Quelle différence entre ces deux frères? dis-je à Zolina, et quelle triste société pour l'intéressant Osman, dont l'âme de feu, aurait besoin de s'évaporer dans le sein d'un être sensible. Mais hélas ! semblable à un volcan dont les laves bouillantes ne trouvant aucun essor, exercent leur ravage dans les entrailles de la terre ! de même il lui faut renfermer en soi son amour et sa douleur.

Il fallut enfin se séparer ; que de tendresse, de grâce, de respect et de reconnaissance l'infortuné Sultan mit dans ses adieux, ainsi que dans la sollicitude qu'il m'adressa pour sa chère Alaïska.

CHAPITRE X.

Quelques heures s'étaient écoulées depuis que nous étions rentrées dans la chapelle, lorsque le bruit d'une voiture se fit entendre dans la cour; espérant que c'étaient nos libérateurs, envoyés par le Sultan, un mouvement de joie fit tressaillir mon cœur! On entre, je cours au-devant; mais que devins-je en voyant entrer les deux muets suivis de l'eunuque du Visir; ce dernier prenant un ton solennel, me dit de la part de son maître, que Sélim, irrité de mon obstination à refuser de m'expliquer avec son Ministre, ordonnait qu'on me fît mourir pour anéantir la mémoire de l'ingratitude par laquelle j'avais répondu aux honneurs dont Sa Hautesse m'avait comblée ; mais que le Seigneur Yusuf - Pacha , toujours magnanime et tendre envers moi, voulait encore me sauver ; que je devais promptement monter dans la voiture qui m'attendait , et qui allait me conduire dans un palais où je serais en sûreté. Révoltée de ce dernier trait de perfidie , car je ne pouvais douter que ce n'en fût une , d'après toutes les ruses qu'il avait déjà employées pour me tromper, je prends mes tablettes et lui fais une réponse qui ne dut pas le satisfaire.

Ayant remis cet écrit à l'esclave :
« Vas, lui dis-je , porter ceci à ton
» maître, et reviens, s'il te l'ordonne,
» enfoncer un poignard dans mon
» sein. »   9 *

L'eunuque murmura quelques mots entre ses dents et se retira.

On croira aisément que je n'attendis pas son retour ; car à peine eut-il fermé les portes que je courus avec Zolina me mettre sous la protection d'Osman, qui m'assura que depuis une heure passée il avait ordonné au Kiflis-Aga d'instruire le Sultan de tout ce qui s'était passé ; et qu'on ne tarderait pas de venir à mon secours ; qu'il avait ordonné de venir nous chercher dans la salle du souterrain, en cas qu'on ne nous trouvât pas dans les tombeaux.

La chose arriva quelques instans après comme Osman l'avait prévu. Le Kiflis-Aga, suivi du Reis-Effendi et du Suder-Azim, furent chargés de me conduire chez moi ou chez l'ambassadeur Français , auquel ils devaient faire la déposition tendante à décharger Sa Hautesse de toutes les persécutions que j'avais éprouvées. Je demandai instamment à être conduite chez le Sultan , bien que ma toilette ne fût pas telle qu'elle devait être ; c'était comme criminelle que je désirais lui être présentée , et dans ce cas j'étais exempte de décorum.

Mais quel jour , à la fois heureux et terrible , que celui auquel je recouvrai ma liberté ; j'allais dévoiler des vérités cachées , m'accuser d'un crime qui n'était qu'un acte de dévouement, demander la grâce de trois illustres malheureux et m'offrir pour victime expiatoire ! Dans l'ardeur de mon zèle je ne songeai pas même à faire savoir à Neijíf-Khan que j'étais libre ; il ne se présentait à ma pensée que comme un homme toujours digne de ma tendresse ; mais qui, à l'abri des dangers, ne devait m'occuper que momentanément ; je n'avais pas un instant à perdre, Achmet était jugé.

Ayant fait annoncer au Sultan que les choses que j'avais à lui révéler exigeaient une audience particulière, Sélim, dont la bonté était généralement connue, me reçut avec cette politesse aimable dont les Turcs ont coutume de traiter les femmes de quelqu'ordre qu'elles soient ; il était assis sur une ottomane, la tête appuyée sur une de ses mains, et le visage fort triste, parce qu'il regrettait les deux Seigneurs condamnés à mort.

Dès que je fus devant lui, je me mis à genou à une distance convenable ; et lui parlai en langue du pays. Le Teskeireidgi-Bachi fut le seul témoin, parce qu'il devait écrire ma déclaration ; elle fut conçue en ces termes :

« Commandeur des fidèles, au-
» guste représentant du Prophète,
» monarque dont les vertus égalent
» la puissance, vous voyez à vos
» pieds une femme qui, quoique
» pénétrée de reconnaissance pour
» les honneurs dont Votre Hautesse
» a daigné la combler, s'est néan-
» moins rendue coupable de la plus
» grande témérité : c'est avec un
» cœur pénétré de la plus vive dou-
» leur que puisse causer un ré-
» sultat funeste, que je viens me
» livrer à votre juste courroux,
» en implorant votre clémence pour

» les deux victimes d'un noble dé-
» vouement.

« Pardonnez , ô Sultan magna-
» nime, pardonnez deux sujets fi-
» dèles, dont le sang doit vous être
» précieux ; j'en jure par le Dieu
» de mes pères, qu'Achmet et le
» seigneur Mohamet, votre Bastan-
» gi-Baschi, loin de vouloir porter
» atteinte aux intérêts du trône ni à
» ceux de Votre Hautesse sacrée,
» n'ont fait que céder à ma sollici-
» tude et à mes larmes ; c'est sur
» ma tête que repose leur crime et
» leur trépas , s'ils viennent à suc-
» comber ; c'est moi seule qui suis
» coupable , et c'est donc sur moi
» seule que doivent s'exercer vos
» vengeances. Mais si en avouant
» mes torts , il m'est permis de les

» pallier , ce ne peut être qu'en allé-
» guant mon attachement à la per-
» sonne illustre de l'adorable Alaïska,
» dont vos bontés avaient formé
» les nœuds. Cette Princesse aussi
» chérie que tendre , et qui par
» l'excès de sa douleur allait priver
» à jamais le meilleur des pères de
» la plus aimable des filles... Ah Sei-
» gneur ! j'en appelle à cette sensi-
» bilité qui distingue votre grande
» ame , pouvais-je sans frémir et sans
» rien hasarder voir descendre dans
» la tombe cette partie essentielle de
» ma félicité , la noble héritière de
» toutes vos vertus , la fille du grand
» Sélim ;... et en sauvant ses jours ,
» en la réunissant au digne époux
» que votre tendresse lui avait choisi,
» commettais - je , Seigneur , un si

» grand crime ? Ah, souverain maître
» du plus puissant Empire , faites
» en ce jour briller votre clémence,
» pardonnez aux coupables , rendez
» la vie aux innocens , resserrez les
» plus beaux liens qui aient jamais
» existé. Osman, l'intéressant Osman,
» sans ambition que celle de vous
» plaire , sans autre vœu que de
» posséder sa fidèle Sultane , se
» trouverait heureux de vivre et de
» mourir dans tels lieux qu'il plairait
» à Votre Hautesse de lui fixer ; que
» les lois de la nature triomphent
» une fois des lois arbitraires, et
» qu'en faisant la félicité de deux
» illustres époux , votre règne soit
» immortalisé par les bénédictions
» célestes. »

Le Sultan m'avait fait relever dès

le

le commencement de ma narration, et n'avait cessé de me regarder et d'écouter avec la plus grande attention. Le changement alternatif de son visage annonçait que son ame était vivement émue; dès que j'eus cessé de parler il me dit : Généreuse Princesse, votre noble dévouement obtiendra la récompense que le Prophète même ne pourrait vous refuser. Au même instant il fait un signe, et la salle se remplit de pages et d'esclaves de tous ordres. Il ordonne qu'on aille chercher les deux Seigneurs condamnés, et fait venir la Princesse ; tous les pages se retirent à son aspect.... Voilà, dit le Sultan à sa fille, une criminelle qui en appelle à votre jugement; c'est à vous Alaïska d'ordonner son supplice.

Cette tendre amie lève son voile, me reconnaît, pousse un cri et se précipite dans mes bras..... O mon père ! ô mon amie ! furent les seules paroles qu'elle put prononcer ; elle s'évanouit, on l'emporte dans son harem où je l'accompagne ; elle reprend ses sens, me voit et croit rêver. Je lui apprends son bonheur sans pouvoir l'en convaincre ; elle veut en entendre l'assertion de la bouche de son père et demande à le voir. Sélim, inquiet de la santé de sa fille, se rendait auprès d'elle avec l'intention obligeante de m'instruire lui-même de la triste nouvelle qu'il venait de recevoir ; car après s'être rassuré sur l'état de la Princesse, cet aimable Monarque m'apprit avec un cœur pénétré de douleur, que venant d'obtenir le bonheur de mon amie, il me restait à pleurer la perte d'un protecteur ! .....

Ceux qui n'ont pas senti ma position, ni apprécié tout ce que j'avais hasardé pour le sauver, ne se feront pas une juste idée du désespoir affreux auquel je fus réduite ; toutes mes facultés furent suspendues. Au premier moment je ne songe qu'à revoir ses restes inanimés et les faire transporter dans son palais , pour lui rendre tous les honneurs de la sépulture ; pour cet effet je me fais conduire au lieu du supplice ; des pages, des officiers de la garde m'y accompagnent, avec ordre du Sultan de respecter mes moindres volontés, et d'empêcher que les gens de justice touchassent à ce qui avait appartenu au prince Achmet, regardant tous ses biens comme mon patrimoine.

De quelle horreur ne fus-je pas saisie, en entrant dans le palais du Visir ! lorsque je vis ces deux infortunés étendus sans vie ! car c'était là que le barbare Yusuf, pressé d'exécuter la sentence prononcée la veille, les avait fait périr par le cordon fatal.

Quant au traître, il s'était promptement mis à couvert par la fuite du châtiment dû à ses crimes. Ses biens furent confisqués, sa maison ouverte aux janissaires, et sa tête proscrite. Ainsi se réalisèrent les terribles menaces par lesquelles j'avais répondu à ses dernières perfidies. En me trompant pour parvenir à son but, il avait abusé de son autorité, et trompé le Sultan même : c'en était assez.

Je fis donc transférer le corps de mon malheureux père dans ce palais, sanctuaire des vertus et du bonheur, et qui déjà retentissait des cris de la douleur. Zolina m'y avait devancée, et en entrant dans l'intérieur, tous nos esclaves, couchés la face contre terre, ne se relevèrent que pour implorer ma protection et répandre avec moi des torrens de larmes sur le corps de leur maître adoré.

Neijif-Khan, tendre et fidèle, mais toujours convalescent et faible, m'attendait dans un état difficile à décrire. Quel moment que celui où nous nous revîmes après une séparation si orageuse ! et comment se livrer aux

10 *

douces émotions de l'amour quand l'ame est en proie aux regrets et à l'affliction la plus violente ? elle était sincère de part et d'autre, et nos pleurs coulèrent abondamment.

Alaïska que j'avais engagée à ne pas laisser ralentir les bonnes dispositions du Sultan, n'avait pas voulu quitter ses genoux qu'il ne lui eût fait chercher son bien-aimé Osman. Le Prince transporté d'amour, de joie et de reconnaissance, regardant comme un songe une félicité aussi nouvelle qu'inespérée, ne pouvait néanmoins résister au charme de l'illusion ; il se livrait à toute l'impétuosité de son caractère, lorsque sa sensible épouse suspendit son ivresse en lui apprenant la mort de ceux qui avaient sacrifié leur vie pour assurer son bonheur.

Ah ! quelle surprise me ména-
geaient ces deux illustres époux ,
quand au mépris d'une étiquette importune et des usages reçus à la Cour
Ottomane , je les vis entrer ensemble
dans mon appartement et se précipiter l'un à mes pieds et l'autre dans
mes bras. Osman suffoqué par la
force du sentiment , et la pensée
affligeante d'être la cause de mes
peines , ne trouvant aucune expression pour me peindre l'état de son
ame , se contentait d'embrasser mes
genoux en les arrosant de ses larmes.
Qu'elles étaient touchantes et glo-
rieuses ces larmes qui , mieux que
les discours les plus éloquens, faisaient
l'éloge de son cœur ! Ils partaient
pour Béchicq-Tach où Sélim venait
d'ordonner leur retraite ; et leur désir

était de m'emmener avec eux , dans la certitude que rien ne pourrait faire diversion à ma douleur que l'aspect du bonheur dont ils allaient jouir , puisqu'il était mon ouvrage.

Les devoirs qui me restaient à remplir ne me permettant pas de m'absenter , mes deux aimables amis ne voulurent point me quitter que je ne fusse prête à les suivre ; et tandis qu'Osman trouvait dans Neijif-Khan une société digne de lui , sa charmante épouse ne m'abandonnait pas un instant , entrant avec moi dans tous les détails d'arrangement , et jamais les secours de l'amitié ne me furent plus doux ni plus nécessaires que dans ce moment.

Le cinquième jour on procéda aux funérailles. Après avoir embaumé le corps d'Achmet, on le déposa dans un superbe tombeau, et porté par ses esclaves, accompagné de tous les Seigneurs de la Cour et de la ville, portant chacun un rameau de cyprès entrelassé d'œillets et d'églantines ; une multitude innombrable de malheureux qu'il avait secourus suivaient le convoi en poussant des cris lugubres. Tous voulurent embrasser son cercueil et planter des fleurs sur sa tombe qui devint un jardin magnifique ; on l'entoura d'une grille dorée par laquelle les pauvres entraient cependant chaque jour pour cultiver les fleurs qui toutes étaient l'emblême des vertus que ce bien-aimé Prince avait pratiquées.

Deux mille sequins d'or furent distribués aux indigens, plusieurs

esclaves eurent leur liberté et une
dot pour s'établir ; le plus grand
nombre préféra rester à mon service,
de même que le médecin qui, quoique
libre et marié , ainsi que l'intendant
ne voulurent jamais me quitter , tant
leur attachement était grand pour la
mémoire d'un si bon maître.

Ayant à ma disposition une fortune
immense, ne songeant plus qu'à vivre
au sein de l'amitié , en remplissant
les devoirs sacrés de la bienfaisance ,
il me fallut , après que les premières
lunes du deuil furent écoulées , satisfaire à la sollicitude de mes amis ,
qui pressèrent mon union avec Neijif-
Khan dont l'amour n'avait plus de
bornes depuis que nous vivions sous
le même toit , et qu'il entendait à
chaque instant exalter mon faible

mérite, tant dans la bouche d'Osman
que de ceux qui nous servaient. Enfin
arriva le jour où je devins l'épouse
du plus beau , du plus tendre , comme
du plus aimable des Princes. Mais les
noces , qui chez les turcs sont habi-
tuellement brillantes , furent , à ma
prière , célébrées sans pompe , en
raison de mon deuil et de ma qualité de chrétienne. Le Muphti fut
appelé à Béchicq-Tach pour nous
donner , au nom du Prophète , la
sanction nuptiale ; et après nous avoir
fait jurer sur l'Alcoran les conditions
d'usage , il remit à mon époux un
rameau d'olivier et de myrte , et à
moi une branche de lierre , symoble
de la faiblesse et de la soumission.

Sélim et Validé daignèrent honorer
de leur présence une petite fête que

nos aimables hôtes nous donnèrent ;
et peu de jours après ayant obtenu
la permission de voyager , nous partîmes tous ensemble pour les îles de
l'Archipel , où nous eûmes beaucoup
de plaisir ; nous parcourûmes toutes
celles de la mer Ionienne et de la
mer Egée ; après quoi étant venus à
Alger , nous visitâmes les villes de
la côte Barbaresque ; qui ne nous
offrant rien d'assez intéressant pour
compenser les inconvéniens d'un
climat brûlant que je ne pouvais
supporter , nous quittâmes Tunis
où nous avions passé deux semaines
pour nous délasser un peu au milieu
des ruines de Carthage. Nous vînmes
débarquer à Smyrne , et fîmes de là
le voyage par terre jusqu'à Bagdad ,
où nous devions fixer notre résidence.

Le

Le Gouverneur turc, prévenu de notre arrivée, nous avait fait préparer un magnifique palais sur les bords du Tigre, assez vaste pour loger mille personnes. On nous assura que cet immense édifice avait été commencé par ordre du dernier Calife Watthik, qui n'eut pas le plaisir de le voir finir.

Ce bâtiment, élevé sur trois terrasses en forme d'amphithéâtre, domine sur toute la ville qui est presque entièrement platte.

Des souterrains creusés à la profondeur de trois étages, s'étendent graduellement sous chacune de ces terrasses, sur le sol desquelles s'élèvent plusieurs dômes de verre peint, pour éclairer les salles souterraines ; c'est là qu'au moyen de certaines machines on fait remonter les eaux du

fleuve pour en former de petites cas-
cades, et des fontaines qui entre-
tiennent une fraîcheur délicieuse, et
donnent à ce palais un air d'enchan-
tement qui ferait croire qu'il a été
construit par des génies plutôt que
par des hommes ; je ne crois pas que
rien au monde puisse donner une
plus juste idée des jardins de Sémira-
mis que ces terrasses, qui se trouvent
absolument suspendues, quoiqu'on
ne l'aperçoive pas à l'extérieur. C'est
dans ces lieux que nous avons passé
neuf mois sans sortir, tandis que la
peste exerçait ses ravages dans la
ville et les environs jusqu'aux Echelles,
où elle avait commencé ; et par ce
moyen nous fûmes tous garantis, car
nous avions fait des provisions pour
un an de toutes choses possibles.

(123)

Voulant éviter les longueurs, je n'ai pas cru devoir donner la description de tous les lieux remarquables que nous avons parcourus, puisque tant d'autres voyageurs l'ont fait avant moi ; je me suis donc bornée à parler seulement de ce qu'aucun chrétien ne fut jamais en position de voir, et que quelques particularités de ma vie ont pu seules me faire connaître.

Nos jours s'écoulaient dans une félicité parfaite, sans autre chagrin que de voir mourir en naissant les enfans auxquels je donnais l'être ; tandis qu'Alaïska de son côté n'ayant mis au monde que des filles durant les premières années de son mariage, avait aussi la douleur de les perdre d'une manière bien plus cruelle, car la loi qui défend aux filles des Sultans d'élever des Princesses, ordonne aux matronnes de les étouffer en venant au monde.

Mais cette félicité ne devait pas avoir une longue durée ; car c'est là où toutes les choses humaines sont réduites. Le destin qui dispense à chacun le plaisir ou la peine, la fortune ou la misère, enlève aujourd'hui à l'un ce que le hasard fait échoir à l'autre, pour le lui ôter le lendemain ; et ainsi alternativement heureux et malheureux durant son existence, l'homme arrive au tombeau au milieu des secousses et des tourmens de toute espèce.

Le nombreux concours de pèlerins qui venaient de toutes les villes de la Perse visiter le tombeau d'Abdul-

Hassen faisaient retentir la contrée de leurs plaintes contre la tyrannie de Feth-Aly-Schah , lorsqu'au contraire entendant les éloges de Neijif-Khan dans la bouche de tous les habitans de Bagdad et des villes voisines , résolurent de former un parti pour le replacer sur le trône de ses pères , et se donner un chef digne de les gouverner. Osman impatient de signaler son ardeur guerrière , ne se lassait pas de l'encourager , rien ne pouvait abattre le zèle de cet ami généreux , rien ne semblait impossible à sa valeur ; cependant aussi prudent que brave , prévoyant les forces que nous opposerait l'empereur de Perse , il avait engagé Sélim son beau-père à nous fournir des troupes. Le projet était à peine connu que de toutes parts on voyait accourir des compagnies de volontaires pour offrir leurs bras et leur vie à mon époux. Depuis notre arrivée dans cette ville, il n'avait cessé de répandre ses bienfaits sur tous les malheureux dont le Diarbek est rempli par la tyrannie qu'exercent en dépit l'un de l'autre l'Envoyé de Perse et le Gouverneur de Bagdad ; et en cela nos dignes amis nous secondaient parfaitement, car nous habitions le même palais, et rien ne devait nous séparer que la mort qui ne tarda pas à appesantir sa terrible faux sur leurs chères personnes.

Tous les vendredis, au sortir des mosquées, le peuple se rendait en foule sous les murs de notre palais pour crier un salut aux Princes ;

et là , chaque indigent recevait le tribut dû à ses besoins. Deux fois par semaine les plus pauvres de la ville , vieillards et enfans venaient se rassasier des débris de notre table dont ils emportaient encore des mets à leurs femmes , quoiqu'ils fussent souvent au nombre de deux cents ; mais la règle de nos dîners étant de soixante plats , tant en viandes que poissons , péliaux , kibolz , etc. , sans compter les confitures de toute espèce , ce qui, malgré le nombre de nos esclaves , fournissait abondamment à la multitude des malheureux , et nous procurait une jouissance des plus vives , en voyant manger de si bon appétit ces infortunés habitués à manquer du nécessaire ; tandis que les mets les plus fins , les choses les plus rares

pouvaient à peine flatter nos goûts.
Ah! si quelques plaisirs sont attachés
à la fortune, en est-il de plus grands,
de plus réels que de soulager la misère et faire des heureux ? Eh! pourquoi, en perdant ce précieux avantage ne perd-on pas aussi la sensibilité,
si l'on doit conserver sa vie lorsqu'on
n'a plus rien à donner ?

Si la gloire de partager le trône
de Perse pouvait flatter ma vanité,
celle de participer aux dangers de
mon époux en combattant à ses
côtés, était bien plus propre à en-
flammer mon courage ; car quoique
très-avancée dans ma grossesse, mon
attachement pour Neijif-Khan, mon
goût pour les exercices violens, une
passion animée pour les actions hé-
roïques , ne m'eussent pas permis

de demeurer tranquille dans une telle occasion. Pour cet effet je montais à cheval deux heures par jour, m'exerçant à manier les armes ; et semblable à la reine Artémise, j'assistais à toutes les délibérations, et j'avais souvent le plaisir de voir adopter les idées que je hasardais.

Le moment approchait ; déjà quinze mille hommes de toutes les provinces voisines étaient réunis à l'entrée du désert près de Mosul ; vingt mille Perses devaient déserter l'armée du tyran pour passer dans la nôtre et nous conduire sur Ispahan ; seize mille cinq cents hommes de cavalerie devaient venir de la part de Sélim nous joindre à Erivan.

De son côté l'empereur de Perse, prévenu par son Envoyé de Bagdad, avait dépeuplé le Gange et la grande Tartarie pour défendre ses intérèts ; mais ce qu'il n'eût pu faire par la force des armes, il le fit par la trahison ; un scélérat fut prompt à le servir. Yusuf-Pacha qui, comme on l'a vu plus haut, s'était enfui de Constantinople pour conserver sa tête, ayant cherché un asile à la cour de Perse, y avait été accueilli favorablement. Charmé de pouvoir à la fois satisfaire sa propre vengeance et celle du tyran, il était parti d'Ispahan en habit de pèlerin, et s'était rendu chez l'Envoyé de Perse à Bagdad, tant pour épier nos démarches que pour nous porter de plus rudes coups. Peu de jours après son arrivée j'avais eu le chagrin de perdre un des esclaves qui me servait les fruits et les sorbets; je le regrettais sous le rapport de la fidélité et de son talent à faire toute espèce de confitures. Un jour, un marchand étant venu m'offrir un fort beau jeune homme, qu'il m'assura être très-habile en ce genre, je l'achetai, et lui donnai la charge de mon échanson.

Nous étions à la veille de notre départ pour le désert, où nos troupes étaient campées en nous attendant ; et déjà Osman était parti depuis quelques jours pour joindre la cavalerie qu'il devait commander, et qui s'était rendue à Erivan. Tous nos trésors, nos bagages et nos gens devaient nous suivre selon l'usage des princes d'Orient; lorsqu'après la collation du soir le nouveau Ganimède vint me prier de goûter un aukase de sa composition, je le trouvais agréable, quoiqu'il y eût un parfum que je ne pouvais connaître, et comme j'allais continuer de boire pour le savourer, une de mes femmes entre d'un air effrayé et me dit en italien de me méfier de cet homme; au même instant, je rejette ce que j'avais dans la bouche et lui ordonne d'avaler ce qui restait dans la coupe; il veut s'en défendre et s'enfuir, mais toutes mes femmes lui cernent le passage, tandis qu'on appelle la garde, et aussitôt il est environné et forcé de prendre le poison qu'il m'avait préparé. Il était si subtil que cinq minutes après il eut des convulsions violentes, poussa des cris affreux, et demandait pardon; il avoua que le gouverneur de Perse l'avait envoyé chez

chez moi, pour commettre le crime; bien convaincu qu'aucun de mes esclaves ne se fût laissé corrompre; tant leur attachement et leur fidélité étaient connus.

Le malheureux ne souffrit qu'une heure, et expira dans les douleurs affreuses du corps et de la conscience.

Alarmée sur les effets de ce que j'en avais pris, on m'avait promptement administré le secours des antidotes; mais comme j'en avais gardé quelques instans dans ma bouche, mes dents devinrent absolument noires et tombèrent en partie; mes lèvres enflèrent si prodigieusement qu'elles sont toujours restées un peu grosses; et tant par l'émotion du danger que j'avais couru, que par la force corrosive de la liqueur, je fus si malade durant cinq jours, que j'accouchai d'un enfant mort qui faillit me coûter la vie.

Neijif-Khan était dans un désespoir difficile à peindre ; les choses en étaient au point que le moindre retard pouvait être funeste ; il fallait accélérer la marche des troupes , ou de perdre l'espoir de réussir.

Ayant ranimé son courage, je l'engageai à partir sans moi, lui promettant de le rejoindre dès que ma santé me le permettrait ; il y consentit avec peine , et me laissa une garde de cent hommes pour m'accompagner.

Ses adieux furent ceux d'un amant passionné qui craint de ne jamais revoir l'objet de sa tendresse ; il ne pouvait s'arracher de mes bras, me prodiguait les noms les plus tendres et les plus douces caresses ; la suite a prouvé le malheur qu'il semblait pressentir.

CHAPITRE XI.

PENDANT que nos intérêts se traitaient en silence, le génie de la discorde, comme chacun l'a su sans en connaître la cause, avait allumé une guerre intestine à la Sublime Porte. De coupables proscrits aiguillonés par le désir de rentrer en charge et de recouvrer leur fortune, étaient parvenus à révolter le corps des janissaires contre leur bon Souverain, en leur persuadant que Sélim prodiguait le sang de ses sujets pour une cause étrangère, et qu'on ne tarderait pas à voir l'empire Ottoman dévasté ou asservi par le parti vainqueur.

Aveuglée par de telles insinuations,

cette masse redoutable s'était portée au Sérail, avait déposé l'infortuné Sultan, et voulant mettre Osman sur le trône ; on ne le trouve point, Bajazet y est placé quelques jours, mais sa nullité l'en fait bientôt descendre ; alors des émissaires furent envoyés auprès d'Osman pour l'engager à rentrer à Constantinople.

Le scélérat Yusuf honteux d'avoir échoué dans le projet qu'il avait médité contre moi, et tourmenté par sa fureur vengeresse, dirigea ses coups sur une autre victime. Il ne pouvait oublier qu'il avait souffert pour moi et par moi ; que j'avais déjoué ses projets odieux, rendu tous ses soins inutiles ; que j'avais dédaigné son amour pour épouser le prince de Perse, et qu'enfin j'étais l'auteur de sa disgrâce et de la perte de ses biens ; il ne peut donc me punir assez !!! pour cet effet, il se rend pendant la nuit au camp de mon époux, demande à lui parler sans témoins, prétextant qu'il a des nouvelles importantes à lui communiquer. Neijif - Khan sans défiance, éloigne ses gardes et se dispose à recevoir un traître qu'il méconnaît, tant il a changé son visage ; le monstre altéré de sang a pourvu à sa sûreté ; et tandis qu'une horde de bandits, revêtue d'un simulâcre d'autorité, disperse la garde qui environne la tente de mon époux, il lui enfonce un poignard dans le sein.... Qu'il me soit permis d'abandonner un sujet aussi douloureux, et de ne pas essayer de peindre ce que ma faible plume ne saurait exprimer !

Je n'ai su que long-temps après, et très-imparfaitement, comment les choses s'étaient passées à l'égard de l'assassin, et de la dispersion des troupes du désert.

Osman n'eut pas plutôt appris l'événement déplorable qui venait de m'accabler , qu'accompagné de sa chère Sultane il se rendit en diligence auprès de moi pour me prodiguer les consolations de l'amitié , travailler à l'arrangement de mes affaires , et m'emmener à Constantinople où ils avaient ordre de se rendre.

Dès que je fus en état de supporter le voyage , nous partîmes de Bagdad emportant les regrets de tous les mal-heureux , et laissant dans ce riche palais le souvenir de notre félicité passée, avec le projet de consacrer au deuil le reste de mes jours.

Mes amis s'étant aperçus à leur passage au désert que les Kourdes, peuple descendant des anciens Moabites, et ne vivant comme les Bédouins, que de brigandage et de piraterie, réfugiés dans les montagnes qui environnent les plaines arides et solitaires, avaient considérablement grossi leur troupe ; craignant leur attaque nous doublâmes notre escorte à Diarbek jusqu'à Mosul.

Nous passâmes sans danger une partie du désert ; mais en approchant de l'endroit où avait été le camp de mon époux, on remarqua plusieurs tentes qu'Osman n'avait point aperçues en se rendant d'Erivan à Bagdad;

cependant on ne crut pas devoir craindre, pensant que ce pouvait être des caravanes ; mais cette idée ne nous resta pas long-temps, et mon ame déchirée de plus en plus à mesure que j'approchais de l'endroit où j'avais perdu ce qui me restait de plus cher, le fut bien davantage lorsque nous nous vîmes aborder par une troupe nombreuse de pillards, ayant à leur tête le cruel Yusuf-Pacha.

Ces malheureux eurent l'insolence de demander qui nous étions et quelles étaient nos intentions ; à l'instant notre troupe fond sur eux, le combat s'engage corps à corps, et le plus affreux carnage est exercé par nos janissaires.

Si le danger de cette lutte nous

avait d'abord inspiré quelque frayeur, nous ne tardâmes pas à en être délivrés ; une partie des brigands avait mordu la poussière , le reste prit la fuite , et nous eûmes la douleur d'apprendre par nos gens que Yusuf ainsi que plusieurs turcs se trouvaient au nombre de ces derniers. Enfin après sept semaines de fatigues inouies dans les routes montueuses de Kurdistan et de la Caromanie , nous arrivâmes à Constantinople où d'autres malheurs nous attendaient.

Que d'émotions vinrent assaillir l'ame d'Alaïska et la mienne , lorsqu'après sept ans d'absence nous nous retrouvâmes dans ce palais où nous avions vu se succéder tant de crises violentes ; dans ces murs plus souvent l'asile du despotisme que de la vertu, dans ces lieux qui venaient de perdre leurs plus touchans attraits, Sélim et Validé.

Le Divan convaincu du mérite d'Osman, bien décidé à le placer sur le trône de préférence au jeune Machmoud, lui fit la réception qu'il devait attendre en qualité de Sultan ; mais ce Prince aussi sage que jaloux de la liberté dont il avait joui après vingt-huit ans de captivité, effrayé du sort de ses prédécesseurs autant qu'indigné de l'ingratitude des peuples et du pouvoir des janissaires, osa proposer de diminuer leur autorité, changer les lois du trône et la forme du gouvernement : c'en était assez pour le perdre.

Le Conseil suprême et surtout les Effendis, ministres du Prophète, comme de la justice, craignant de perdre leurs priviléges, se récrièrent contre ce projet de réforme, et bientôt l'infortuné Sultan eut cessé d'exister.

Alaïska, ma malheureuse amie, devenue veuve à son tour, reçoit du nouveau Souverain l'ordre barbare de choisir un autre époux; elle s'y refuse, et demande la grâce de passer avec moi dans une autre contrée où elle pût plus aisément supporter sa triste existence au sein de l'amitié.... Prière inutile, on m'accuse d'avoir corrompu ses principes et ceux d'Osman, pour les entraîner l'un et l'autre à abjurer la loi de Mahomet, et je dois aussi subir ma peine ! on ne se trompait pas, car il ne manquait plus à mes illustres amis que la cérémonie du baptême.

Cependant on délibère sur ce qu'on fera de nous, et on pense nous traiter avec quelque douceur, en contraignant la tendre Alaïska à prendre du poison !... et moi à quitter l'empire... Sans doute l'arrêt n'était pas rigoureux à mon égard ; car après ce terrible et dernier coup, que me restait-il de mieux à faire dans mon isolement que de fuir à jamais ce théâtre de ma splendeur et de mes infortunes. Ah ! si du moins j'eusse pu conserver les compagnes fidèles qui me suivirent, et les richesses que j'emportais encore, malgré les trésors qu'on m'avait enlevés ; mais hélas j'étais destinée à souffrir tous les maux qui peuvent peser à la fois sur une seule tête, en parcourant successivement tous les degrés du malheur.

Tome II. 13

Pardonnez, mes chers lecteurs, si des réflexions déchirantes échappent trop souvent à ma plume, et émeuvent peut-être votre sensibilité ; c'est un besoin du cœur que je ne puis m'empêcher de satisfaire, et le récit que j'en fais en versant des larmes, apporte encore quelque douceur à ma situation.

Un vaisseau marchand, me dit-on, faisait voile dans peu pour les côtes de Gênes, et me recevrait à son bord ; en attendant je quittai le sérail pour passer le peu de jours qui me restaient encore avec ma chère Zolina, qui depuis un an s'était mariée et avait fixé sa demeure avec son époux à Andrinople, où ils vivaient heureux.

Il m'était resté une quantité de chevaux, je les vendis et n'en gardai que deux arabes, dont l'un avait été le favori de mon cher Neijif-Khan, et l'autre celui que je montais de préférence, et qui était d'une intelligence peu commune. Je ne gardai non plus que trois femmes et mes deux nègres qui m'aimaient comme leur mère ; je les avais arrachés à un bien mauvais sort, car ils avaient été prêts à périr par la perfidie d'une méchante femme.

Mon dessein en revenant dans ma patrie, était de faire toutes les recherches possibles sur Mad. de Lubière et son abominable fille, de me fixer à la campagne et de m'y composer une société d'une famille, même de malheureux intéressans et vertueux ; de vivre éloignée de tout autre plaisir que celui de consoler l'affligé et soulager le misérable ; mais, comme si j'eusse mis de l'orgueil dans ce plan de vie , la Providence a voulu que je fusse moi-même du nombre des derniers : grâces lui soient rendues pour tous les maux dont sa sagesse a daigné m'éprouver, car quelle que soit notre foi , notre confiance en Dieu dans l'adversité , si dans un état de prospérité et de bonheur, nous attachant à ses créatures , nous oublions que nous tenons tout de sa bonté infinie ; alors, quelles que soient nos œuvres, nous ne sommes que des ingrats qui méritent d'être punis , et qui doivent bénir la main qui les châtie.

Le jour du départ étant arrivé, je pris congé de ma chère Zolina qui malgré mes instances voulut m'accompagner jusqu'au navire.

A peine étions-nous en pleine mer,

que nous fûmes attaqués par un Corsaire Algérien ; l'équipage se mit en défense , mais succombant au nombre , le massacre fut épouvantable , et mes deux nègres périrent en combattant.

Le peu d'hommes qui restèrent furent à l'instant chargés de chaînes et transportés avec nous et le butin sur le navire vainqueur.

Je fus long-temps sans connaissance ; et lorsque je repris les sens je me trouvai dans une chambre assez belle, couchée sur des carreaux , ayant auprès de moi une négresse, couverte d'une robe de gaze d'or , relevée d'un côté avec un nœud de diamans ; et deux autres femmes blanches, vêtues de crèpe noir qui laissait voir la beauté de leurs formes ; toutes étaient

empressées à me prodiguer des secours.

Indifférente à tous leurs bons trai-
temens, je leur tendis mes mains
qu'elles pressèrent sur leurs lèvres;
j'en fis autant des leurs, et par ce
retour de caresses l'amitié s'établit
entre nous. Je demandai où j'étais?
on m'apprit que c'était chez le corsaire Ourousky, et que la dame noire
était son épouse, elle se nommait
Vittype.

La richesse de mon deuil et je
ne sais quels caractères imprimés
sur ma personne, lui firent aisément
deviner quelle pouvait être ma qualité; on me traita avec toutes sortes
de distinctions, n'exigeant rien de
moi que de consentir à recevoir les
soins nécessaires à ma santé. Je me

laissais conduire comme un enfant ; mais les efforts de l'art comme ceux de l'amitié restaient sans effet parce que la chaleur du climat contribuait à m'énerver de plus en plus.

Mon abattement était extrême, et il fallait toute l'affection que Vittype avait conçue à mon égard, pour ne pas la lasser de me donner tant de soulagement. Cependant si je n'éprouvais aucun changement dans mon être physique, il s'en opérait dans mon être moral ; et peu à peu la reconnaissance et la tendre amitié, inséparables de mon ame, la rendirent accessible à d'autres sentimens ; et je crois que les caresses quelquefois alarmantes de ma négresse y eurent aussi leur part.

Un jour elle me prit sur ses ge-

noux, me serrant dans ses bras, elle me dit : « Chère Zilla (c'est ainsi
» qu'elle voulait me nommer) Ou-
» rouski, en vous recommandant à
» mes soins , espérait vous voir
» bientôt rétablie de ce qu'il ne re-
» gardait que comme la suite des
» fatigues et de la terreur que vous
» aviez éprouvées en tombant dans
» ses mains ; et son intention était
» de vous présenter au Beys qui
» désire une femme chrétienne pour
» sa fille ; mais comme je vous aime
» trop pour consentir à me séparer
» de vous, j'ai obtenu de lui qu'il
» ne me priverait jamais du bonheur
» de vous posséder. »

Charmante et bien chère Vittype,
lui répondis-je , croyez à la sincé-
rité de mon attachement et à la

grandeur de ma reconnaissance pour vos bontés ; et croyez aussi qu'il me serait doux de finir ma vie au sein de votre amitié ; mais vous voyez que je ne puis supporter la chaleur excessive du climat d'Alger, et que dans mon état de langueur, je ne puis être pour vous d'aucun agrément. Le Beys et son aimable fille m'ont connu dans des temps plus heureux ; et seront sans doute assez généreux pour consentir à me rendre à ma patrie, d'où je fus arrachée il y a près de dix ans. Veuillez donc, chère Vittype, engager le seigneur Ourousky à me présenter au roi. « Vous me percez » le cœur, me dit cette femme trop » aimante en versant un torrent de » larmes ; cruelle ! comment, après

» avoir employé auprès de mon
» époux tout l'ascendant que j'ai sur
» son esprit pour qu'il vous laissât
» auprès de moi ? comment irai-je
» lui demander aujourd'hui votre
» éloignement ? si cependant cela est
» nécessaire à votre santé, je ne dois
» pas démentir l'amitié que j'ai pour
» vous, en vous refusant la grâce
» que vous désirez de moi. Mais je
» crains que la princesse Nourhonniar
» ne soit pas si facile à persuader,
» puisqu'il est impossible de vous
» connaître, chère Zilla, sans sou-
» haiter vous posséder toujours. »

Quelques momens après elle me quitta, et ne reparut qu'à la fin du jour.

« J'ai fait votre commission à
» Ourousky, me dit-elle, il est allé

» en prévenir le Beys ; et s'il con-
» sent à vous accorder ce que vous
» demandez sans vous voir, je ga-
» gnerai cela sur la Princesse, que
» vous restiez chez moi jusqu'à ce
» qu'il se présente un vaisseau chré-
» tien sur lequel vous puissiez mon-
» ter. » Je la remerciai et nous passâmes ensemble le reste de la soirée.
Le lendemain le Beys ayant envoyé
un ordre pour me conduire chez lui,
il fallut m'y rendre.

Ce prince me fit un accueil obli-
geant, me pria d'entrer avec lui dans
quelques détails sur mes malheurs
auxquels il parut fort sensible, et
m'ayant assuré qu'il saisirait la première occasion de m'obliger, il m'en-
gagea à passer auprès de la Princesse le peu de temps que je resterais
encore à Alger.

Je ne pouvais décemment refuser de souscrire à cette invitation, malgré la peine que me causait la pensée d'affliger Vittype, qui m'avait fait promettre de revenir chez elle; mais dès que j'eus satisfait aux premiers élans du plaisir que marquait Nourhonniar en me revoyant, je suppliai cette princesse d'envoyer un de ses esclaves chez Vittype, pour l'assurer de mes regrets, et du désir que j'avais de la revoir; et l'aimable fille du Beys me dit qu'elle aimait la femme du corsaire pour les bons procédés qu'elle avait eu avec moi, que comme elle savait aussi qu'elle était de naissance, elle l'a ferait prier de venir passer avec nous tout le temps qu'il lui serait agréable.

Vittype enchantée de cette pro-
position,

position , demanda et obtint la permission d'Ourouski, qu'elle viendrait
chez la Princesse , aux conditions
qu'elle éviterait avec soin d'être vue
du Beys , parce qu'étant fort belle
dans son genre , son époux craignait
de la perdre , s'il prenait fantaisie au
roi de la posséder.

Elle se rendit donc avec transport
au palais de Nourhonniar , et ne
songea à en sortir que pour m'accompagner au port lorsque le moment de mon départ fut arrivé.

La fille du Beys , aussi aimable
que spirituelle , remplie d'attention
à mon égard , créait tous les jours
de nouveaux amusemens, afin de me
rendre plus agréable le séjour que
les circonstances me forçaient à faire
à la Cour de son père. Les jeux, la

musique, la lecture, les promenades étaient tour-à-tour employés pour dissiper les chagrins auxquels mes infortunes m'avaient réduite. Souvent nous mêlions les beautés de la nature à nos innocentes récréations; et la culture des fleurs, la chasse aux papillons, le classement des coquillages, absorbaient une grande partie de nos loisirs. Il nous arrivait quelquefois de parcourir pendant toute la matinée les immenses jardins du Beys afin de découvrir quelque chose qui eût pu enrichir nos collections; et lorsque fatiguées par de telles courses, un berceau de jasmin ou de chèvre-feuille nous invitait à goûter quelque repos sous son ombrage, Nourhonniar me faisait aussitôt le récit de quelque événemens relatif à l'histoire de son pays, tandis que ses esclaves nous servaient de nombreux rafraîchissemens qu'elle se plaisait à partager avec eux.

De retour dans le palais, notre attention se portait principalement aux soins d'une riche collection d'oiseaux que la fille du Beys avait créée depuis plusieurs années; nous passions quelquefois des heures entières à écouter leurs gazouillemens. Chaque matin avant le déjeûner cette Princesse allait elle-même pourvoir aux besoins de ses chers amis (c'est ainsi qu'elle les nommait) et je l'ai vu souvent réchauffer de son haleine ceux qui, dépourvus de duvet, avaient été engourdis par l'humidité ; mais si un accident quelconque venait apporter le deuil dans cette grande famille, elle était d'une tristesse extrême, et elle aurait sacrifié le plus beau de ses diamans pour rappeler à la vie l'ami qu'elle avait perdu.

Nourhonniar dont l'esprit ne s'occupait pas seulement à des récréations puériles, m'ayant prié de lui apprendre la langue française, il fut arrêté que chaque jour après la prière je lui en donnerais une leçon; et malgré toutes les difficultés qu'offre cette langue aux personnes à qui elle n'est pas naturelle, j'eus cependant le plaisir de voir que mon élève y faisait des progrès rapides, et en peu de temps elle la connut assez pour pouvoir se faire comprendre. « Que je me trouverai » heureuse, ma chère Elisa, me » disait-elle, lorsque je pourrai en- » tendre les prières et les supplica- » tions des malheureux chrétiens de

» votre nation que le sort fera tom-
» ber dans nos mains ; chaque fois
» que l'occasion pourra me procurer
» le plaisir de leur être utile , votre
» souvenir qui naîtra de cette action me
» les fera protéger de tout l'ascendant
» que je puis avoir sur mon père. »

Jamais la nature ne fit une personne plus accomplie que ne l'est cette aimable Princesse ; il ne se passe pas de semaine que sa munificence ou sa protection ne soient favorables à quelqu'un ; et quoiqu'élevée dans la religion ottomane , son cœur ne voit dans les esclaves chrétiens que des malheureux ayant droit à ses bontés.

Son père la chérit autant que ses vertus la rendent estimable ; aussi profite-t-elle de cette bienveillance en la rendant favorable aux accusés que

14 *

quelques fautes conduisent devant le Beys pour y subir un jugement.

Quelle différence il existe entre le caractère et les sentimens de cette intéressante personne et la généralité du peuple de cette nation ; celle-la peint la sensibilité dans toutes ses œuvres, tandis qu'on n'en voit aucune trace dans la conduite de ces derniers.

Le Beys est un homme dur, vindicatif et soupçonneux, ne pardonnant jamais la plus légère faute, à moins que Nourhonniar n'intervienne en faveur du coupable, car elle seule a le pouvoir de le désarmer. La Cour est d'un abord peu facile, l'on n'y rencontre point cette urbanité, cette galanterie qui fait l'ornement de nos sociétés, et qu'on trouve encore à Constantinople ; les grands même, à l'exception du Souverain , sont d'une ignorance absolue; aussi le despotisme y suit-il un libre cours , et le peuple , sans autre volonté que celle de ses chefs , ne semble pas même en ressentir le poids tant sa soumission est aveugle.

Eh! pourquoi des êtres créés avec les mêmes facultés , ayant les mêmes droits aux yeux de la nature , sont-ils les uns réduits au plus grand asservissement et destinés aux plaisirs des autres ? est-ce que le créateur co-ordonna une différence entr'eux lorsqu'il forma le premier homme ? Mais laissons au temps le soin d'y répandre les lumières , et rendre à ces contrées jadis florissantes les bienfaits de la liberté.

La piraterie s'exerce à Alger d'une

manière effrayante, nulle propriété n'y est en sûreté si elle n'est constamment surveillée. Des bandes nombreuses de pillards, sans aveu comme sans crainte, n'ont d'autres moyens de subsistance que ceux de leurs rapines ; chaque jour de nouveaux larcins fournissent à leurs besoins, le propriétaire est même quelquefois injurié et maltraité en voulant s'opposer à l'enlèvement de son bien. Le délit est-il considérable, la partie lésée veut-elle en porter plainte au chef de l'Etat ? alors elle a tout à craindre de la part de ces bandits, leur vengeance est insatiable ; encore si le plaignant a le malheur d'être de la religion chrétienne, il ne reçoit souvent pour toute justice que des injures de la part du Beys.

Une cause principale qui doit déchirer l'ame de toute personne sensible, lorsqu'elle veut se livrer à quelques méditations sur ces peuples barbares, est sans contredit celle qui naît de l'esclavage et de la traite des hommes, qui s'y exercent avec autant de sécurité que si l'objet qui dépend de ce commerce, était le résultat de quelques produits de l'industrie. L'homme qui connaît la liberté, celui qui sait apprécier les facultés dont Dieu nous revêtit en créant l'univers ne gémira-t-il pas lorsqu'il se rappellera que son semblable, sans autres torts que celui d'avoir succombé sous la main de son agresseur, est réduit à la même servitude et aux mêmes fonctions que le sont les animaux destinés à nos besoins.

Des coupables souillés de mille crimes, des êtres dont les mains sacriléges ont quelquefois trempé dans le sang de leurs frères, sont souvent traités avec plus d'égard et plus de ménagement que ceux sur qui les chaînes d'Alger s'appesantissent ; les premiers trouvent encore des personnes qui s'appitoieront sur leur sort, tandis que d'honnêtes citoyens gémissant sous le poids de la tyrannie, sont souvent oubliés même de leurs meilleurs amis.

Pourquoi ces peuples qui se disent policés, pourquoi ces nations dont la puissance égale les volontés, ne viennent-ils arracher leurs concitoyens du fer de l'oppression.

Cette ville n'a rien qui puisse faire trouver son séjour agréable ; les rues y sont très-étroites , les maisons mal bâties , et la température y est insupportable ; aussi toutes les personnes dont la complexion est délicate ne peuvent sans danger y séjourner long-temps ; et ce n'est qu'à l'aide des soins que Nourhonniar n'a cessé de me prodiguer , que j'ai pu en supporter l'incommodité aussi long-temps.

Le jour de mon départ étant enfin arrivé , ce ne fut pas sans des regrets bien vifs de part et d'autre , que nous nous séparâmes ; car durant près de deux ans que j'avais passé à Alger , je ne m'étais jamais aperçu de mon esclavage ; et dégagée comme je l'étais, de toute espèce de liens , j'y eusse fini mes jours fort tranquillement sans la nécessité absolue de changer de climat.

Nourhonniar m'avait comblée de présens ; ma bonne négresse avait engagé son mari à me rendre au moins une malle des effets qu'il avait pris sur le navire italien ; et sans être riche, il me restait encore assez pour vivre indépendante. Le Beys m'avait aussi recommandée au capitaine du vaisseau qui était turc, et faisait voile pour Marseille ; il avait de plus abondamment pourvu aux frais de mon voyage, et si je rentrais dans ma patrie sous les auspices du malheur, ce n'était pas du moins sous ceux de la misère.

Que d'émotions différentes j'éprouvais en approchant de la France ! que d'événemens s'y étaient succédés depuis que je l'avais quittée ! que de grandes choses elle avait faites durant mon absence ! l'étonnement et l'admiration étaient dans tous les esprits, tous les pays que j'avais parcourus retentissaient du bruit de ses exploits, et le nom français imprimait partout un certain respect. J'allais donc la revoir, j'allais revoir un héros dans chacun de ses citoyens; c'était ma patrie, c'était aussi celle de Mad. de Lubière, et l'espoir de trouver cette tendre mère, de finir mes jours avec elle me faisait oublier tous mes maux.

Notre navigation fut heureuse; mais en arrivant à Marseille, ce qui contraria beaucoup mon impatience, fut d'être obligée de subir la quarantaine comme cela se pratique à l'égard de tous les navires venant du Levant. Ce seul temps fut celui de ma vie où je fus plongée dans le plus mortel ennui; car c'était aussi la première fois que je me trouvais sans femmes pour me servir, parce que celles que j'avais amenées de Constantinople avaient été vendues en arrivant sur la Côte barbaresque, sans que j'eusse pu découvrir dans quelles mains elles étaient tombées.

CHAPITRE XII.

Dès qu'il fut permis à l'équipage
de débarquer, je me hâtai de mettre
pied à terre, et dans la foule des curieux qui se pressaient autour de moi
pour m'offrir leurs services, je ne
voyais que des figures étrangères,
mais qui néanmoins me firent éprouver du plaisir à me retrouver au milieu de mes compatriotes, d'une nation
aussi polie que grande de son génie,
aussi libre qu'elle peut le désirer. On
jugeait par mon habit que j'étais une
Dame turque, et on fut surpris de
m'entendre parler français un peu
mieux qu'on ne le parle en Provence.
Je ne m'arrêtai que peu de jours à

Marseille, et m'étant rendue promptement à Paris, je descendis à l'hôtel de B..... ; il était rempli d'étrangers, et quoique je ne dusse pas faire une bien vive impression en arrivant ainsi seule, je n'eus pas à me plaindre de la conduite des gens de l'hôtel ; tous me respectèrent comme je désirais l'être. Je demandai à être servie dans mon appartement, et aussitôt on me procura une personne pour être auprès de moi en qualité de femme de chambre, mais celle-ci s'étant avisée de troubler ma tranquillité en me faisant sans cesse des commissions de quelques Messieurs logés à l'hôtel, et qui désiraient rendre leurs hommages à la Dame turque ; impatientée de son insolente indiscrétion, je la congédiai.

Refusant constamment de recevoir des visites d'hommes , je ne pus me soustraire aux importunités d'un comte de St-H. et de son épouse , qui me firent prier avec tant d'instance que je fus obligée de les recevoir. Ils me firent mille prévenances ; et se récriant sur l'isolement dans lequel je vivais ; ils finirent par me persuader que je courais beaucoup de dangers dans une ville telle que Paris , où tant de scélérats masqués ne cherchaient chaque jour qu'à faire des dupes. J'étais bien loin de penser que des personnes aussi obligeantes pussent être de ce nombre , n'ayant point encore assez d'expérience dans ce genre pour devoir me défier de leur empressement.

La comtesse de son côté voyant

que j'étais sans femmes, m'offrit l'usage des siennes, tandis que le comte se chargeait de toutes les recherches que j'avais à faire sur Mad. de Lubière et sa fille ; il m'apprit que cette dernière avait passé en Amérique presqu'aussitôt qu'elle m'eut fait arracher des bras de sa tendre mère, et que depuis plus de huit ans on n'avait entendu parler de Mad. de Lubière ; on la croyait morte en Italie où elle était allée me chercher.

Désolée de ces tristes nouvelles, j'eus envie de voir l'Empereur et de me mettre sous sa protection, dans l'espoir que sa Majesté pourrait peut-être me donner des lumières plus sûres, me souvenant de l'intérêt qu'elle avait pris à nos affaires dans d'autres temps ; mais l'impression désavantageuse que faisait sur l'esprit des Français le caractère hautain de la jeune Impératrice, joint aux insinuations astucieuses de mes nouveaux amis, m'empêchèrent de faire ma cour.

Le séjour de Paris me rappelant trop mes infortunes passées, je voulus revenir à Genêve dans l'espoir d'y retrouver encore la sœur de ma chère nourrice qui avait connu mon enfance et m'avait marqué beaucoup d'amitié. Madame de St-H.... de son côté voulut combattre ma résolution ; mais voyant que j'étais inébranlable dans ce projet, elle prit le parti de m'offrir son équipage pour m'y conduire et m'y accompagner, alléguant qu'elle ne pouvait consentir à me voir partir seule.

J'avais vendu mes diamans et tout

ce que j'avais de précieux et d'inutile à ma position, ne conservant que les objets auxquels je tenais par certaine considération. De ce nombre était un peigne d'or fin monté avec une riche émeraude qui m'avait été donné par Achmet ; une ceinture et des bracelets de rubis qui ne m'avaient jamais quittés parce qu'ils me venaient de mon cher époux ; et enfin plusieurs chaînes et bagues de prix que je tenais de mes amies d'Alger ; je possédais en numéraire une somme assez considérable pour assurer mon existence ; et je ne me proposais de la placer que dans la contrée où je fixerais mon domicile ; lorsque deux jours avant mon départ pour Genève, la perfide comtesse entre éplorée dans mon appartement, me dit que son

époux vient inconsidérément de con-
tracter une dette d'honneur à laquelle il ne peut satisfaire ; et que
sa liberté est en danger s'il ne trouve
à l'instant la somme nécessaire. Elle
sait que j'ai ce capital et me supplie
de venir à leur secours, m'assurant
que ce n'est que pour le terme de
douze jours, époque à laquelle ils
doivent toucher des fonds plus que
suffisans pour le remboursement.
Touchée de son embarras, et comptant
sur la bonne foi de deux personnes
qui m'avaient comblée d'égards et de
prévenances, je lui remis l'argent
dont elle avait besoin et ne gardai
que ce qui m'était absolument nécessaire.

Je quittai donc la France une seconde fois ; et en arrivant à Genève

mon premier soin fut de m'informer si Mlle G..., sœur de ma bonne nourrice était toujours dans cette ville. J'appris qu'elle y avait encore son domicile, mais qu'ayant dû s'absenter pour un peu de temps, elle ne serait de retour que pour les fêtes de Noël où on allait entrer. Dans cette conjoncture, je crus devoir prendre un logement dans quelque hôtellerie, en attendant qu'à son arrivée je pusse avec son aide me procurer un appartement plus convenable à mon goût.

Dix jours s'étaient déjà écoulés depuis notre arrivée, que ma santé ne m'avait point encore permis de sortir. Un grand bal avait lieu à Genève, et la comtesse prétextant qu'elle y était invitée, me dit qu'elle désirait y paraître en habit Turc, et que je l'obligerais infiniment si je voulais me prêter à cette fantaisie en lui confiant mes habits et mes riches parures ; elle assaisonne cette prière de tant de témoignages d'amitié et de regrets d'aller prendre un plaisir que je ne pouvais partager, qu'elle est décidée à ne s'y rendre que très-tard et lorsqu'elle me verra endormie, afin d'être sûre que son absence ne me laisse pas livrée à des sentimens pénibles. Ne sachant rien refuser à ceux que je croyais mes amis, je contente sa sollicitude ; et comme elle l'avait dit, après s'être fait habiller, elle s'assied auprès de mon lit et m'endort avec une lecture agréable.

Le lendemain à mon réveil, je

sonne selon ma coutume pour me faire habiller; mais au lieu des femmes qui me servaient ordinairement, une fille d'auberge entre une lettre à la main qu'elle me présente, en me disant qu'elle est de cette dame qui est partie ce matin.... qui est partie ! répétai-je avec surprise ; et brisant le cachet avec émotion, j'y lus ce qui suit :

Lettre de la Comtesse.

« Quelle est ma douleur de vous
» apprendre, ma bien chère amie !
» qu'une affaire pressante et imprévue
» nous oblige de partir brusquement,
» et que dans mon désespoir je n'ai
» eu ni la force de vous revoir, ni
» le temps de changer de toilette,
» espérant que la charmante Elisa
« connaît

» connaît assez le cœur de son amie
» pour être sans inquiétude sur sa
» probité et ses intentions, je la prie
» de croire que nous nous embras-
» serons avant qu'il soit long-temps ;
» et que pressés à vous rendre tout
» ce qui vous appartient, l'amitié et
» le calme règneront entre nous ; en
» attendant, madame, soyez assez
» généreuse pour pardonner à vos
» amis une faute involontaire. »

Attérée par cette nouvelle comme si la foudre était tombée à mes pieds, je restai sans mouvement, ne sachant ce que je devais penser et faire, la fille me donna des secours, et dès que j'eus la faculté de parler, je fis demander le maître d'hôtel pour l'interroger sur ce qu'il pouvait savoir d'une chose aussi inattendue. Cet homme ignorait qu'il y eût eu bal ; il savait seulement qu'à minuit on avait demandé les chevaux ; que monsieur le Préfet avait envoyé chercher monsieur le Comte, et que ce dernier était parti avant le jour, disant qu'il allait à Lyon et qu'il serait de retour dans huit jours : ce fut là tout ce que je pus apprendre ; mais bien assez pour m'alarmer davantage et m'engager à faire toutes les recherches possibles après les fourbes qui m'avaient si indignement trompée, en m'enlevant tout ce que je possédais.

Dans la journée faisant un effort sur moi-même, je me rendis à la Préfecture pour m'informer s'il était arrivé quelque chose à la charge de M. le Comte, et voici la réponse que je reçus de la bouche du Préfet lui-

même : « Le Comte a blessé dange-
» reusement un officier français avec
» lequel il s'est battu en duel ; j'ai
» voulu m'assurer de sa personne,
» et il s'est trouvé loin ; j'ai voulu
» savoir la direction qu'il a prise,
» et je n'ai pu en obtenir aucun in-
» dice ; cependant je ne crois pas
» que vous deviez craindre pour vos
» effets, d'après la lettre que la
» Comtesse vous a laissée : je vous
» conseille d'attendre quelque temps.»

Mlle. G. était de retour ; elle me
reconnut malgré le changement que
l'âge et les malheurs avaient apporté
dans ma figure, me fit beaucoup de
caresses, s'affligea vivement des événemens qui m'avaient éloignée de ma
chère maman, Mad. de Lubière, et
me témoigna la plus vive douleur de

la mort de cette dernière, qui avait passé à Genève en allant en Italie, et l'avait priée que dans quel temps que le sort pût me conduire chez elle, de m'y recevoir comme l'enfant de sa sœur, et de m'aider de tout son pouvoir si je me trouvais dans le besoin. Mlle. G. était riche, mais très-avare, elle m'offrit un logement chez elle, et eut soin d'ajouter que cela la gênait beaucoup, mais qu'elle ne voulait pas me laisser dans l'embarras. Femme insensible, pourquoi enfoncer ce nouveau trait dans mon cœur ! Je n'avais, il est vrai, aucun droit à votre sollicitude ; mais au moins si vous vouliez me servir, deviez-vous ne pas m'accabler de douleur en me faisant sentir davantage le triste état où j'étais réduite ! Quel parti pou-

vais-je prendre ; je n'en voyais aucun, il fallut donc accepter cette
offre.

Je retournai à l'auberge pour y
régler mon compte, et tout mon sang
se glaça d'indignation en voyant la
rapacité du barbare aubergiste qui,
sans égard pour la position où m'a-
vaient laissée les perfides St.-H.,
avait tellement enflé ma dépense dans
sa maison, que dans l'impossibilité
où j'étais de payer une telle somme,
il retint mes effets, sans vouloir me
laisser prendre la moindre bagatelle
pour me changer, alléguant que
l'argent était rare et qu'il fallait une
quantité de ces choses-là pour com-
pléter la somme que je lui devais ;
cependant une seule de mes robes eût
suffi pour le payer dans tout autre
pays que celui de Genève.

En vain je voulus réclamer l'autorité des lois contre un tel abus ; le Maire était son compatriote, et quoiqu'il passât pour un homme équitable, je n'obtins rien de lui, il me répondit que messieurs les aubergistes étaient en droit de se payer comme ils pouvaient.

A quelle infortune étais-je réduite ! quel est donc le mauvais génie qui s'acharne tant à me poursuivre ; fallait-il que je vînsse au milieu d'un peuple dont l'éducation semblait me garantir de toute injustice, pour regretter l'esclavage que je venais de subir ? Ah, que ces réflexions seraient déchirantes, si je n'avais la persuasion que tous les chrétiens n'ont pas les mêmes sentimens.

Me voilà donc dépouillée de tout,

réduite à la plus affreuse misère ;
obligée de supporter les caprices et
la mauvaise humeur de Mlle. G. qui,
regardant comme un sacrifice onéreux
la chétive nourriture qu'elle me donnait, ne passait pas un jour sans
calculer sa dépense, me demander
ce que je prétendais faire, et se récrier
sur ma bétise et ma facilité à me laisser tromper. Je n'avais pas l'habitude
du travail, je la pris chez elle, en
essayant tous les ouvrages qui pouvaient lui plaire ou lui être utiles.
J'avais du goût et de l'adresse, et je
réussissais dans toutes les bagatelles
qui concernent la toilette ; mais soit
que je voulusse broder, faire des
fleurs ou autre chose, c'était si peu
payé que le produit ne pouvait me
suffire. Je m'offris à donner des leçons

de harpe et des langues orientales ; mais il y avait tant de maîtres habiles pour les premières, et si peu d'amateurs pour les dernières, que je restai sans ressource sous ce rapport. Deux mois s'étaient écoulés depuis la fuite de ceux qui m'avaient si cruellement trompée, et attendant vainement à chaque courrier de recevoir de leurs nouvelles ; ne sachant pas où les poursuivre, je retournai auprès du Préfet qui me promit qu'il écrirait partout, même à Sa Majesté, afin de les faire saisir dans tel lieu où on pourrait les découvrir ; je ne sais si ce fonctionnaire a rempli sa promesse, jamais je n'ai eu le moindre signe de leur existence.

Me voyant sans espoir, il fallut me résigner à faire vendre mes hardes,

Moment terrible ! de trois grandes malles remplies de linge et d'habits magnifiques, il ne me resta de la modique somme que j'en avais retirée, après avoir payé tous les frais, qu'une douzaine de louis, et un cachemire dont je ne voulus pas me défaire.

Forcée de quitter le costume turc que j'eusse désiré conserver, je pris celui du pays aussi simple qu'il me fut possible.

Le séjour de Genève où je venais d'éprouver toutes les horreurs de l'iniquité, de la déloyauté et de l'égoïsme, me devenait insupportable ; je désirai aller dans quelque ville de Suisse où je pusse cultiver mes talens.

Mlle. G. avait une connaissance à Berne, à laquelle elle pouvait me recommander ; mais une difficulté s'élevait ; on exigeait à la police de cette ville une quantité d'actes de mœurs, d'origine, etc. Je ne possédais que le passe-port turc que j'avais apporté d'Alger ; et c'eût été aussi pénible qu'indiscret de faire la longue histoire de mes infortunes pour m'en procurer un en qualité de française, aussi me suis-je toujours repentie de ne m'être pas d'abord fait connaître à l'Empereur.

Enfin Mlle. G. s'avisa de faire valoir la lettre de bourgeoisie que M. d'H. son beau-frère avait eue d'un petit village du Canton de Vaud, et envoyant à cette Commune l'extrait baptistaire de ma sœur de lait, morte à l'âge de sept ans, on obtint pour moi, en son nom, un acte qui me

constituait bourgeoise d'A. , et ci-
toyenne suisse.

Munie de cette pièce et d'un certi-
ficat de mœurs que me fit le magistrat
de la police genevoise, ainsi que d'une
lettre de recommandation , je vins à
Berne , bien résolue de garder le
plus sévère incognito , d'oublier le
rang que j'avais tenu , pour ne prendre
que le ton qui convenait à la simple
Mlle. d'H. ; mais quoique je fisse de
grands efforts pour ne paraître que ce
je voulais être : l'habitude des gran-
deurs , le bon goût de ma mise , une
élégance naturelle m'attiraient tous
les regards ; on sortait des magasins
et des cafés pour me voir passer , on
me suivait dans les rues et les promenades ; et de toutes parts il me venait
des billets galans que je renvoyais

promptement sans réponse. Mon mauvais sort ayant voulu que la dame à qui j'étais recommandée partît pour Naples, elle n'eut que le temps de me présenter à quelques autres dames, et prendre pour moi le seul logement qu'on pût trouver alors, parce que la ville était remplie des membres de la diette et des artistes du théâtre.

Comme mon séjour à Berne m'entraînerait dans des détails trop longs et trop minutieux, je me bornerai à dire seulement qu'à la suite de quelques désagrémens causés par la méchanceté de femmes méprisables, et de la mauvaise opinion qu'on avait en public des personnes chez lesquelles j'étais logée, que désespérée d'être si mal tombée et mortifiée des

inconvéniens

inconvéniens qui en résultaient, je crus devoir me mettre sous la protection du chef de la police ; que ce magistrat, homme sévère, fut mon défenseur contre la calomnie, qu'il eut la bonté de me chercher un logement dans une maison bien connue, et chez des gens bien estimés ; que peu de temps après je fis connaissance d'une dame aimable, bonne et spirituelle, épouse d'un ecclésiastique, aussi respectable par ses vertus, que distinguée par l'étendue de ses lumières ; elle me proposa d'entrer chez elle pour soigner l'éducation de ses filles qui étaient au nombre de quatre.

J'étais intimement lié à cette famille intéressante ; mais il survint des circonstances fâcheuses qui m'en firent éloigner ; néanmoins, dans quel temps que je m'en sois rapprochée, j'ai toujours reçu l'accueil le plus flatteur de toutes les personnes de cette maison ; et ces jeunes dames, comme leurs chers parens, font encore aujourd'hi toute ma consolation.

Fin du deuxième et dernier Volume.

A Lyon, de l'Imprimerie de J. M. Barret.

www.ingramcontent.com/pod-product-compliance
Ingram Content Group UK Ltd.
Pitfield, Milton Keynes, MK11 3LW, UK
UKHW020245180726
13839UKWH00001B/187